银龄时代——中国老龄社会研究系列丛书

杜 鹏 主编

农村失能老人家庭的需求、困境及策略

闫 萍 / 著

中国人口出版社
China Population Publishing House
全国百佳出版单位

图书在版编目(CIP)数据

农村失能老人家庭的需求、困境及策略 / 闫萍著 .
-- 北京 : 中国人口出版社, 2019. 12
(银龄时代 : 中国老龄社会研究系列丛书 / 杜鹏主
编)
国家出版基金项目
ISBN 978 -7 -5101 -7017 -1

Ⅰ. ①农… Ⅱ. ①闫… Ⅲ. ①农村 - 老年人 - 社会保
障 - 研究 - 中国 Ⅳ. ①D669. 6

中国版本图书馆 CIP 数据核字(2019)第 289473 号

农村失能老人家庭的需求、困境及策略
NONGCUN SHINENG LAOREN JIATING DE XUQIU、KUNJING JI CELUE
闫 萍 著

责任编辑 姚宗桥 刘继娟
装帧设计 刘海刚
责任印制 林 鑫 单爱军
出版发行 中国人口出版社
印 刷 北京柏力行彩印有限公司
开 本 787 毫米 ×1092 毫米 1/16
印 张 9. 5
字 数 110 千字
版 次 2019 年 12 月第 1 版
印 次 2021 年 1 月第 2 次印刷
书 号 ISBN 978 -7 -5101 -7017 -1
定 价 68. 00 元

网 址 www. rkcbs. com. cn
电子信箱 rkcbs@ 126. com
总编室电话 (010)83519392
发行部电话 (010)83510481
传 真 (010)83538190
地 址 北京市西城区广安门南街 80 号中加大厦
邮政编码 100054

目　录

第一章　绪　论 …………………………………………………………… 1
第一节　研究背景 ……………………………………………………… 1
一、城镇化背景下的银发革命 ………………………………………… 2
二、家庭变迁背景下的养老挑战 ……………………………………… 7
第二节　概念界定和理论基础 ……………………………………… 11
一、相关概念界定 …………………………………………………… 11
二、理论基础 ………………………………………………………… 16
第三节　研究意义、方法和内容 …………………………………… 20
一、研究意义 ………………………………………………………… 20
二、研究方法及数据来源 …………………………………………… 21
三、研究内容 ………………………………………………………… 22
第四节　文献综述 …………………………………………………… 22
一、国外失能老年人相关研究 ……………………………………… 23
二、国内失能老年人相关研究 ……………………………………… 28

第二章　农村失能老年人失能现状的实证分析 …………………………… 51
一、基于社会及人口学特征的农村失能老年人的失能情况 ……… 51
二、农村老年人的失能率呈上升趋势 ……………………………… 62
第三章　农村失能老年人家庭的现实需求及困境 ……………………… 65
第一节　农村失能老年人家庭的照料需求及困境 ………………… 65
一、照料需求状况 ………………………………………………… 66
二、照料困境——照料贫困 ……………………………………… 68
第二节　农村失能老年人家庭的经济需求及困境 ………………… 73
一、经济需求状况 ………………………………………………… 73
二、经济困境——养老功利化及致贫化 ………………………… 75
第三节　农村失能老年人家庭的信息需求及困境 ………………… 76
一、信息需求状况 ………………………………………………… 77
二、信息困境——信息闭塞化 …………………………………… 84
第四节　农村失能老年人家庭的制度支持需求及困境 …………… 85
一、制度支持需求状况 …………………………………………… 85
二、保障困境——文化污名化 …………………………………… 91
第五节　农村失能老年人家庭的发展需求及困境 ………………… 94
一、发展需求状况 ………………………………………………… 95
二、发展困境——价值隐性化 …………………………………… 96
第四章　农村失能老年人家庭政策构建 ……………………………… 97
第一节　家庭政策的内涵 ………………………………………… 98
第二节　支持农村失能老年人家庭的政策构建的必要性 ……… 101
一、家庭政策是发达国家长期探索的历史经验 ……………… 101
二、家庭政策是解决家庭功能失衡的现实需求 ……………… 103
第三节　构建农村失能老年人家庭支持政策的原则 …………… 105

一、系统性的原则:以家庭为政策对象 …… 105
二、预防性的原则:以预防和早期干预为重点 …… 106
三、发展性的原则:以提升家庭发展能力为方向 …… 107
第四节　农村失能老年人家庭支持政策的具体内容设计 …… 108
一、家庭经济支持政策 …… 109
二、家庭就业支持政策 …… 112
三、家庭健康支持政策 …… 114
四、家庭住房支持政策 …… 117
五、家庭照料服务支持政策 …… 120
六、家庭信息和组织平台支持政策 …… 124
七、家庭法律支持政策 …… 126
八、家庭制度支持政策 …… 127
参考文献 …… 129

第一章

绪论

第一节 研究背景

人口老龄化是21世纪整个人类社会面临的共同课题,也是我国当前及未来的基本国情。按照国际通行标准,60岁及以上老年人口占总人口的比例超过10%或者65岁及以上老年人口占总人口的比例超过7%,即进入老龄化社会。1999年末我国60岁及以上老年人口比例占总人口的10.3%,标志着我国已经进入老龄化社会,悄然迈入“白银时代”。我国当前正处于快速老龄化阶段,老年人口规模持续增长,老龄化速度较快,老龄化程度逐年加深。这种“多维纵深式发展”[①]是我国现在及未来很长一段时间人口发展的常态。

国家统计局数据显示,2018年末我国60岁及以上老年人口为2.49亿人,占总人口的比重为17.9%。其中,65岁及以上人口为1.67亿人,占总

① 闫萍. 失能老人家庭照护者的社会支持研究——基于北京市的分析[J]. 北京行政学院学报,2019(3):73-81.

人口的比重为11.9%。《国务院关于印发“十三五”国家老龄事业发展和养老体系建设规划的通知》中提到，全国60岁及以上老年人口预计到2020年将增加到2.55亿人左右，占总人口比重为17.8%左右；80岁及以上高龄老年人口将增加到2 900万人左右，独居和空巢老年人将增加到1.18亿人左右，老年抚养比将提高到28%左右。《国家应对人口老龄化战略研究总报告》的预测数据显示，至21世纪中叶我国老年人口的规模将达到峰值4.87亿人，人口老龄化水平将达到最高点34.9%。随后至21世纪末，我国人口老龄化水平将维持在总人口的1/3左右，即3个人中就有一位是老年人。① 中国的人口老龄化速度比较快，65岁及以上人口从7%增长到14%所需年数为25年左右，接近于日本的24年，而法国所需年数为115年，瑞典为85年，美国为70年。从近年来的老年人口的增长量来看，老年人口的增速很快。从2015年到2018年，60岁及以上老年人口年增长量分别是886万人、1 004万人和859万人，65岁及以上老年人口年增长量分别是617万人、828万人和827万人。

因此，积极应对人口老龄化将是我国当前及未来的一项长期而艰巨的战略任务。要紧紧抓住全面建成小康社会决胜阶段这一重要战略窗口期，深化我国老龄事业改革发展，不断完善我国养老体系建设，做到积极、科学、综合应对人口老龄化。

一、城镇化背景下的银发革命

改革开放以来的快速城镇化是农村地区人口老龄化的时代背景。我国城镇化率由1978年的17.92%提高到2018年的59.58%（见图1－1），城镇化进程取得了明显的进展。城镇化作为一场深刻的社会变革，影响并

① 国家应对人口老龄化战略研究总课题组．国家应对人口老龄化战略研究总报告[M]．华龄出版社，2014.

冲击着农村地区的社会经济发展。伴随着城镇化的不断推进，农村的人口老龄化作为“一场静悄悄的革命”也在悄然进行。

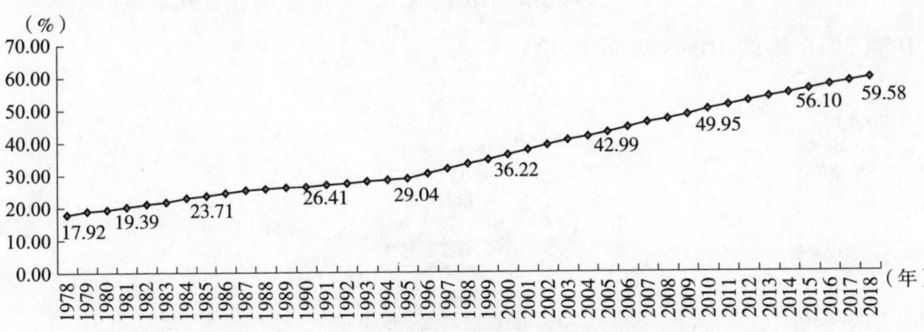

图 1－1　1978—2018 年中国城镇化率变化状况①

快速城镇化引发农村大量年轻劳动力流失，老龄人口城乡空间结构分布呈现非均衡性特征，城乡老龄化水平“倒挂”现象凸显。改革开放以来，随着城镇化发展的需要，各种限制人口流动的制度和政策逐渐取消，人口流动日益活跃，尤其是从农村地区向城市地区的人口流动不断加速。快速城镇化需要充足的劳动力作为补充，而一些年龄偏大的农村劳动力，由于受自身较低的受教育程度和劳动技能等的限制，加上长期形成的生活习惯、浓厚的乡土情结等，不愿再背井离乡，冒险迁到自己不熟悉的城市中去，存在滞留农村的“惰性”，选择继续留守农村；农村的年轻劳动力受教育程度相对较高，思想比较活跃，接受新事物、适应新环境的能力也较强，有脱离农村、到城市进行冒险和开拓的强烈愿望。因此，在城镇化过程中，从农村流往城市的人口大多数是青壮年劳动力人口。另一个值得注意的是，农村 0～15 岁人口比例也在逐渐减少，农村 0～15 岁人口占农村总人口的比例由 1982 年的 37.9% 下降到 2010 年的 20.6%（见图 1－2）。年轻劳动力的外流和少儿人口比例的下降，使得农村的人口结构发生快速变化，老

① 依据国家统计局网站数据计算．http://data.stats.gov.cn/easyquery.htm? cn = C01.

年抚养系数急剧上升,农村老龄问题日益凸显。数据显示,农村 60 岁及以上老年人口占农村总人口的比例由 1982 年的 7.8% 上升到 2010 年的 15%,农村 65 岁及以上老年人口占农村总人口的比例由 1982 年的 5% 上升到 2010 年的 10%(见图 1-2)。

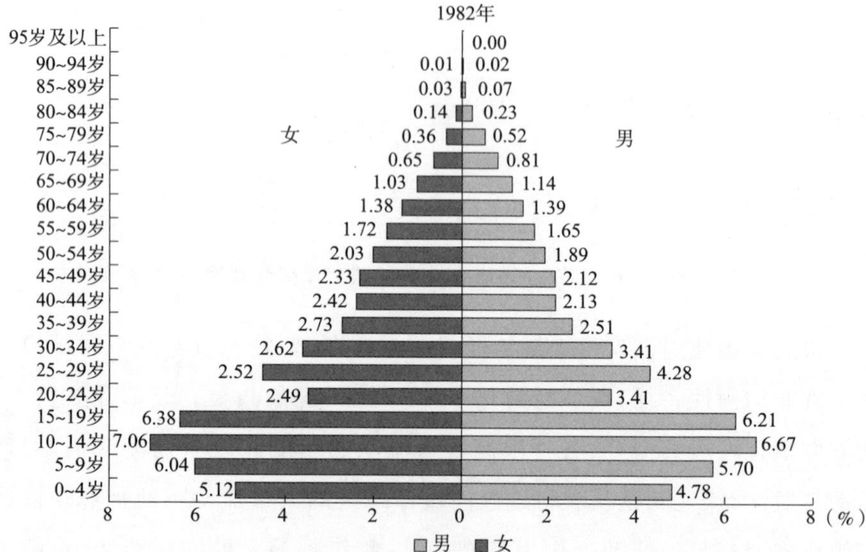

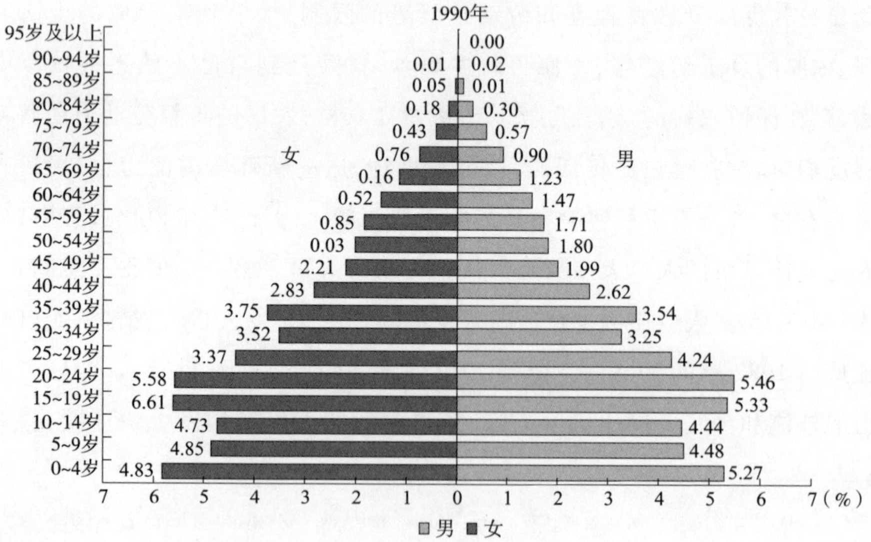

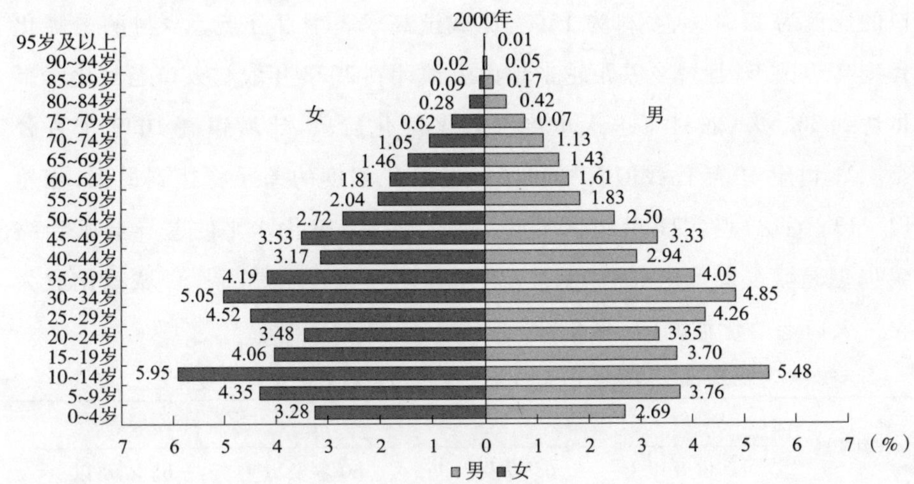

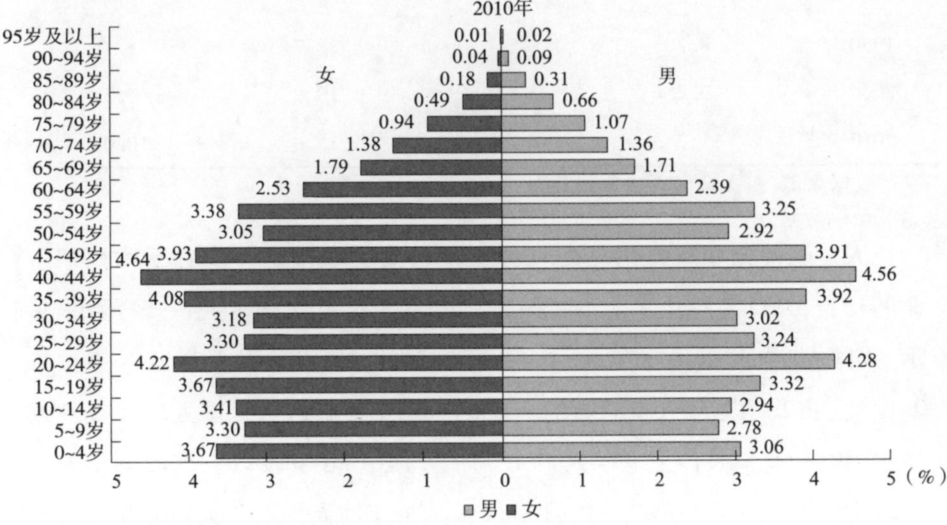

图 1－2 四次全国人口普查乡村人口年龄金字塔变化①

1982 年城镇 60 岁及以上老年人口占总人口的比例为 7.2%，乡村为 7.8%，比城镇高 0.6 个百分点。2010 年城镇 60 岁及以上老年人口占总人

① 此可视化视图数据来源于第三次到第六次全国人口普查数据。城乡划分按照国家统计局《统计上划分城乡的规定》执行．http://data.stats.gov.cn/swf.htm? m = turnto&id = 429.

口的比例为11.7%，乡村为15%，比城镇高3.3个百分点。乡村的老龄化程度高于城市，且城乡差距越来越大。预计到2028年农村人口老龄化水平将达到30.5%，农村将进入重度人口老龄化阶段，比城镇高10.9个百分点。21世纪30年代我国农村和城镇老龄化程度的差距将达到最大，相差12～13个百分点。21世纪后半叶，城乡人口老龄化水平的差异会不断缩减①，但是城乡老龄化水平"倒挂"现象依然凸显（见表1－1），城镇化成为农村人口老龄化加剧的"催化剂"。

表1－1　四次全国人口普查城镇和乡村老龄化程度变化　（单位：%）

年份	城镇		乡村	
	60岁及以上	65岁及以上	60岁及以上	65岁及以上
1982年	7.2	4.5	7.8	5.0
1990年	8.2	5.1	8.7	5.7
2000年	9.7	6.5	10.9	7.5
2010年	11.7	7.8	15.0	10.0

数据来源：四次全国人口普查数据。

人口老龄化和高龄化提高农村老年人失能风险。伴随着平均预期寿命的延长，人口高龄化水平不断提高。2000年第五次全国人口普查数据显示，我国60岁及以上老年人口1.30亿，其中80岁及以上高龄老年人口0.12亿，占我国老年人口总数的9.2%。2010年第六次全国人口普查数据显示，我国60岁及以上老年人口1.78亿，其中80岁及以上高龄老年人口0.21亿，占我国老年人口总数的11.8%。十年间高龄老年人占老年人口的比例上涨2.6个百分点。

城镇化给农村的经济和社会带来了快速发展和改变，改善了农村居民的生存环境和生活习惯等。农村的医疗卫生水平和条件得到改善，农村老

① 国家应对人口老龄化战略研究总课题组．国家应对人口老龄化战略研究总报告［M］．华龄出版社，2014：9.

年人的死亡率降低,农村人口的平均预期寿命延长。研究显示从1982—2009年农村的平均预期寿命增长了5.2岁①,农村高龄化程度跟城镇相比更为突出。2000年第五次全国人口普查数据显示,农村60岁及以上老年人口为0.86亿人,其中高龄老人为0.08亿,约占全国高龄老年人口总数的68.22%,农村80岁及以上老年人口占农村总人口的比重为1.04%,比城镇高0.21个百分点。2010年第六次全国人口普查数据显示,农村60岁及以上老年人口为0.99亿,其中高龄老年人0.12亿,约占全国高龄老年人口总数的56.95%,农村80岁及以上老年人口占农村总人口的比重为1.80%,比城镇高0.45个百分点。农村越来越明显的高龄化趋势往往意味着老年人失能风险的加大,失能老人的规模将会越来越大,失能老人的照护需求将会日益增加。

二、家庭变迁背景下的养老挑战

尊老敬老是中华民族传统文化的重要内容之一,养老助老是全社会的共同责任。家庭养老作为我国传统的养老模式有着悠久的历史。改革开放以来,随着国内经济体制、社会结构的变迁,传统伦理价值的转型重塑以及生育政策在内等制度的影响,家庭的规模、结构、功能等方面都发生了许多根本性的变化。

家庭规模小型化是改革开放后我国家庭变迁的明显特征。1982—2010年我国家庭规模日益小型化,家庭户的平均规模从4.41人减少到3.1人,缩小了1.31人(见图1-3)。2010年我国家庭户的平均规模已经与发达国家基本接近。

① 胡英.中国分城镇乡村人口平均预期寿命探析[J].人口与发展,2010(2):41-47.

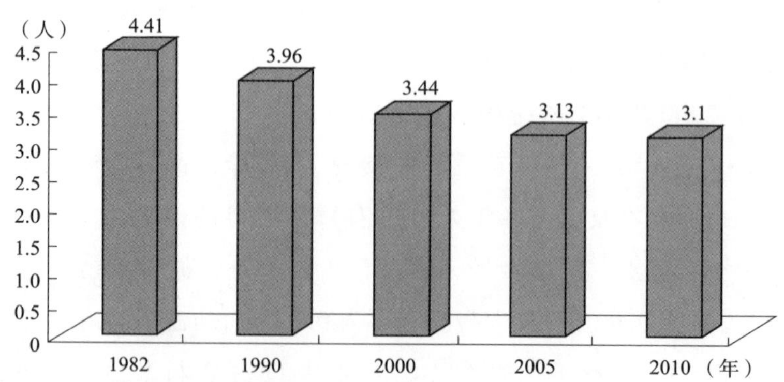

图 1－3　1982—2010 年我国平均家庭户规模

我国农村家庭户的规模也在缩小。2000 年“五普”和 2010 年“六普”的数据显示，2000 年农村三人及以下户规模的家庭占 46.68%，2010 年农村三人及以下户规模的家庭占 56.85%，增长了 10.17 个百分点；一人户的比例十年间翻了接近一倍，二人户的比例增长了 7.22 个百分点（见表 1－2）。

表 1－2　“五普”和“六普”我国农村家庭规模及家庭结构变化（单位：%）

	一人户	二人户	三人户	四人户	一代户	二代户	三代户
2000 年	6.93	14.85	24.90	26.47	18.21	59.72	21.13
2010 年	12.44	22.07	22.34	21.03	29.77	47.54	21.68

数据来源：国家统计局普查数据。

家庭结构简单化，核心家庭成主流。全国人口普查数据显示，不管是 2000 年还是 2010 年，全国都是以一代户和二代户为主，一代户的比例都在上升。2000 年“五普”的数据显示，一代户的比例是 21.70%，二代户的比例是 59.32%；2010 年“六普”的数据显示，一代户的比例是 34.18%，二代户的比例是 47.83%。2010 年全国一代户和二代户组成的家庭超过 80%（见图 1－4）。

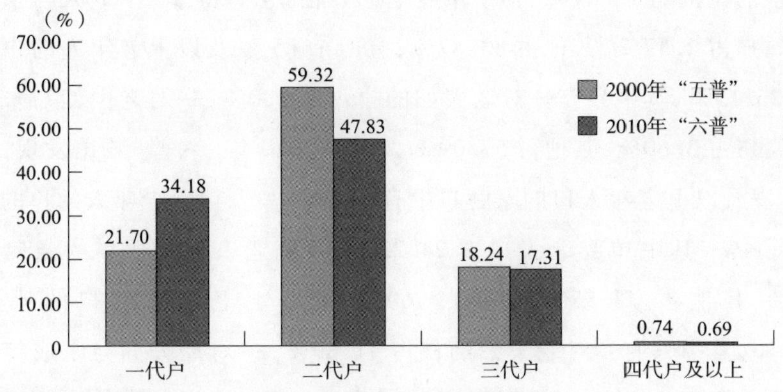

图 1-4　全国家庭户变化情况

从我国农村的情况来看,“五普”和“六普”的数据显示,2000 年农村一代户的比例是 18.21%,二代户的比例是 59.72%,一代户和二代户的比例为 77.93%;2010 年一代户的比例是 29.77%,二代户的比例是 47.54%,一代户的比例上升,一代户和二代户的比例为 77.31%。可见在农村,核心家庭同样也是主流(见表 1-2)。

少子老龄化对传统养老模式提出了挑战,家庭养老功能弱化。1983 年我国人口出生率是 20.19‰,而 2015 年人口出生率降为 12.07‰,已接近发达国家的生育水平。2000 年“五普”和 2010 年“六普”农村的总和生育率都是 1.43 左右,低于替代水平 2.1,2000 年“五普”农村的生育率是 40.93‰,2010 年“六普”农村的生育率是 39.04‰。少子化意味着作为传统家庭养老主力的子女一代的人力资源的数量日益减少。尽管 2016 年我国全面两孩政策已经全面贯彻实施,但是在提高生育率方面,政策实施的效果并不明显,即使有效果,也会因为人口发展的迟滞效应,使得家庭养老人力资源的短缺在短期内不能改变。

农村有老人的家庭户中至少有一个老人的比例比较大,且独居老人家庭、隔代老人家庭、空巢老人家庭的比例都在上升。分析 2000 年“五普”数据发现,农村有 65 岁及以上老年人口的家庭户中有一个 65 岁及以上老年人的户的比例是73.51%，其中单身老人户占14.56%，一个老人与未成年的亲属户占1.57%，其他占83.87%；有两个65岁及以上老年人的户的比例是26.15%，其中只有一对老夫妇的户占39.30%，一对老夫妇与未成年的亲属户占3.60%，其他占57.09%。分析2010年“六普”数据发现，农村有60岁及以上老年人口的家庭户中有一个60岁及以上老年人的户的比例是60.54%，其中单身老人户占24.22%，一个老人与未成年的亲属户占2.22%，其他占73.55%；有两个60岁及以上老年人的户的比例是38.45%，其中只有一对老夫妇的户占41.89%，一对老夫妇与未成年的亲属户占4.58%，其他占53.54%；有三个60岁及以上老年人的户的比例是1.01%。2010年“六普”时农村有65岁及以上老年人口的家庭户中有一个65岁及以上老年人的户的比例是69.43%，其中单身老人户占23.15%，一个老人与未成年的亲属户占1.79%，其他占75.05%；有两个65岁及以上老年人的户的比例是30.18%，其中只有一对老夫妇的户占44.83%，一对老夫妇与未成年的亲属户占3.48%，其他占51.68%；有三个65岁及以上老年人的户的比例是0.39%。经济发展与现代化冲击着传统伦理规范。人口流动加速，年轻人照顾老人的时间、精力减少，进而降低了子女照顾年老父母的意愿。这些变化导致家庭养老及保障功能逐渐弱化，留守、空巢老年人数量快速增加。随着人口老龄化的加剧，家庭养老功能的弱化，家庭面临的各种养老问题和挑战将会更加多元化。

第二节 概念界定和理论基础

一、相关概念界定

(一)失能及失能老年人

回顾国外文献发现,以往有关失能概念的分类框架包括以下几类。

世界卫生组织的分类框架。1980 年,世界卫生组织根据国际疾病分类(ICD,International Classification of Diseases)提出了旨在与医药和卫生统计中使用的疾病分类标准相平行的关于残疾的国际分类标准(ICIDH)。这种分类标准包含损伤、失能、残障三个核心概念,认为"疾病"是内源性病理或失调;损伤是生理、心理或器官层面解剖学意义上的结构功能的受损或失常;失能是指在日常生活中受到制约或缺乏某种活动行为的能力;残障是指由于伤残或残疾完成日常角色的限制,取决于个人的年龄、性别、社会文化因素,是比失能更为严重的长期活动受限,其严重性表现在需要社会支持和他人的帮助才能维持日常生活。[①] ICIDH 提供了每一个概念相应数量的具体分类名目及其对应的编码列表。这种分类标准促进了有关失能的国际讨论,同时也促进了相似性质的国家出台对于失能相关的统计报告。尽管具有政治认同性,科学研究者在利用 ICIDH 作为假设发展的基础、研究设计、引用概念分类问题、研究内部一致性问题以及测量调查可行性问题时仍然遇到了一些困境。在不同领域批评建议的推动下,世界卫生组织也在不断推动更新版本,进行分类标准延伸概念的修订工作。

Nagi 框架。这一种概念架构由社会学家 Saud Nagi 在 1991 年构思提

① 中华人民共和国卫生部. 国家卫生服务研究——1998 年第二次国家卫生服务调查分析报告[R]. 北京:卫生部,1999.

出并发展。这个架构包括四个核心概念:作用病理、伤残、功能局限和残疾。作用病理是指干扰或介入日常行为以及有机体重获正常状态的努力过程;伤残是指解剖的、生理的、精神的或情绪的失常或损失;功能局限是指生物有机体或个人的行动受限层面;残疾是指在社会文化和心理环境层面定义的社会角色和任务的行动受限。

功能局限和残疾的概念在本质上与 ICIDH 的残障概念的视角是一致的。在这一概念架构中没有与残障相似的概念。这一架构的基础是社会学理论而非某种分类偏好。这种概念框架具备学术视角,可以在具体研究中进行操作和应用。在 20 世纪 80 年代之前,Nagi 提出的分类方式并未被广泛知晓,但是在研究残疾领域的学者中,这一分类框架不仅站得住脚,而且得到了越来越多的认可。

失能过程模型。Lois M. Verbrugge 和 Alan M. Jette 在 1994 年提出了失能过程模型。该模型以 Nagi 的框架为主要基础,但是具备 ICIDH 分类模型的一些细节,也考虑了上述两种框架后的视角。失能过程模型是 Nagi 模型的扩展和详解。作为 Nagi 和 ICIDH 框架的扩展,这一模型核心关注和描绘了从病理学到不同种功能过程的进程。失能过程模型重释了适合医学和调查研究的语言,然后更多地关注了这一过程的倾向并介绍了加快和降低这一过程的有关因素。这是因为在日常生活中,失能过程不会发生在一个纯粹未经干预的实验当中,总是会有社会的、心理的、环境的等因素影响和改变这一过程。“过程”这一概念反映了失能的动态进程,即随着时间流逝,功能结果的轨迹以及影响其方向、进程、改变方式的因素(见图 1 -5)。

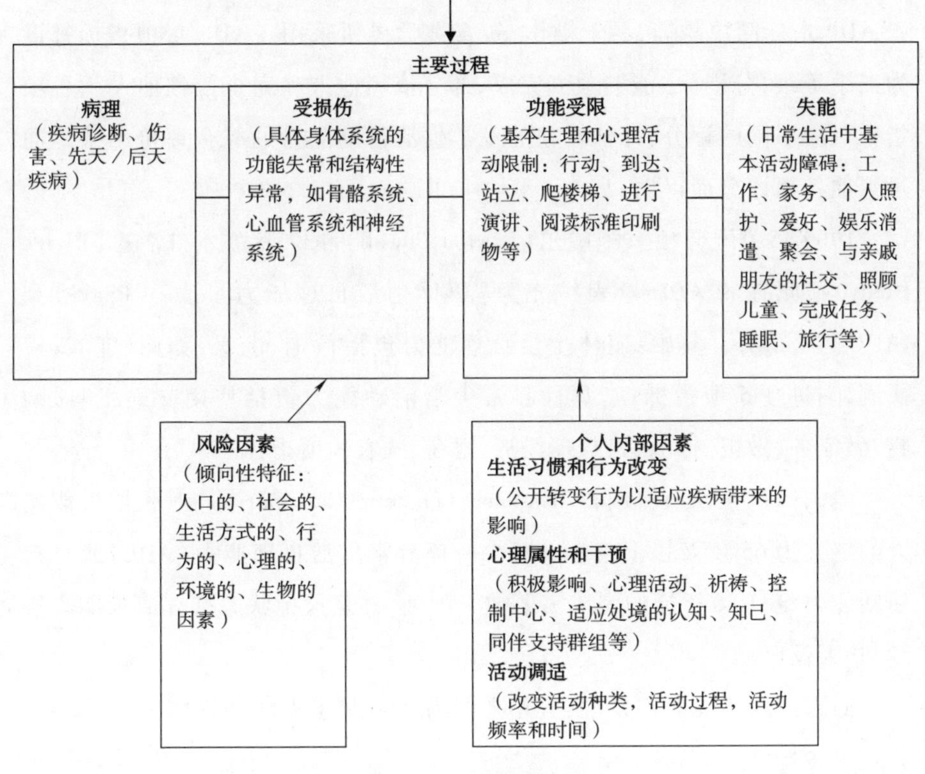

图 1－5 失能过程模型

通过回顾发现，关于失能的定义在国际上经历了一个从医学模式到社会模式转变的发展过程。

在评估失能老年人的途径和方法上，国际上通用日常生活活动能力量表（Activities of Daily Living，ADL）和工具性日常生活活动能力量表（Instrumental Activities of Daily Living,IADL)。ADL 最早由西德尼·卡茨(Sidney Katz)于 1963 年提出。这一指标的提出是基于对老年人的生物学和社会心理功能的测量,包括吃饭、穿衣、上下床、上厕所、室内走动和洗澡六项评估指标。这一量表最早主要是用来满足评估病人治疗的效果,以及获取他们的健康和疾病在功能方面的变化的量化数据。另外,医院、康复中心、护理员和家庭照顾项目的管理者能够利用这些量表评估照护或护理需求。由于 ADL 指标简单易懂,易于操作,一直被学界所采用。ADL 每项指标都设为三个等级,分别为"能够独立完成、部分依赖他人和完全依赖他人",各项指标对应不同的评分,评估对象的日常生活行动能力的综合评价结果是通过累加各项评分而得出。①

1969 年美国劳顿·鲍威尔(Lawton Powell)和伊莱恩·布洛迪(Elaine Brody)把原有的 ADL 量表扩充为"躯体生活自理能力量表"(PSMS)和 IADL 两个部分。其中,躯体生活自理能力包括行走、洗澡、如厕、穿衣、梳头刷牙、进食 6 项指标;工具性日常生活活动能力包括使用交通工具、购物、做家务、做饭、打电话、自理经济、服药、洗衣 8 项指标。②

美国国家长期照料调查(National Longterm Care Survey)对长期失能老人的定义为 65 岁及以上且存在至少一项日常生活自理能力(ADL)或日常活动能力(IADL)指标的完成需要他人帮助,并且这种状态持续或预期会持续 90 天及以上。③

回顾国内相关研究发现,近年来国内学者对于失能和失能老人的概念界定也各抒己见。

---

① Sidney Katz, Amasa B Ford, Roland W. Moskowitz, et al. Studies of illness in the aged. The Index of ADL: A Standardized Measure of Biological and Psychosocial Function.

② Lawton MP,Brody EM. Assessment of elder people: selfmaintaining and Instrumental activies of daily life[J]. Gerontologist,1969,9:179 - 181.

③ Michael R,Berit I D. The costs and rewards of caregiving among aging spouses and adult children [J]. Family Relations,2004,53:317 - 325.

关于失能的概念。失能是指个体受非年龄因素或因年龄增长而引起的身体机能退化等因素影响，如年老、疾病、伤残等原因，导致机体身心功能障碍，影响个体生活自理能力的状态。一般而言，失能包括身体及心智两个方面。《中华人民共和国残疾人保障法》中提出，“残疾人是指在心理、生理、人体结构上，某种组织功能丧失或者不正常，全部或者部分丧失以正常方式从事某种活动能力的人”。这一定义与失能的内涵相近，但这一定义基于医学模式，强调个体身心状态对个体功能丧失带来的影响，忽略了社会因素对个体功能丧失产生的影响。

关于失能老人的概念。失能老人可以理解为老年人因患慢性疾病、躯体损伤、心理失调导致身心功能受损，日常生活活动能力受限，生活不能完全自理，需要他人协助或者完全依赖别人照料的老年人。依据我国制订的《失能评估量表》，老年人日常生活活动包括吃饭、穿衣、上下床、上厕所、室内走动、洗澡六项指标内容。其中一至两项“无法自己做到”的，则为轻度失能老人；三至四项“做不了”的为中度失能老人（半失能）；五至六项“做不了”，完全依赖他人护理照护的，则为重度失能老人。有的学者将具有认知功能障碍的失能老人称为“失智老人”。《中华人民共和国民政行业标准：老年人能力评估（MZ/T039－2013）》除了日常生活能力的指标，还加入了精神状态、感知觉与沟通及社会参与几个指标，根据这些指标和能力等级指标来判断是否是失能老人。与先天性残疾或非退行性失能不同，老年人失能是一个渐进的、缓慢的、累积的过程。老年人失能和残障的程度越严重，接受他人照顾的需求便会越高。

（二）失能老人家庭

家庭一般指由婚姻、血缘和收养关系所形成的个体家庭。1947 年美国人类学学者格利克（P. C. Glick）提出关于家庭生命周期的相关概念和理论。他认为，家庭的生命周期一般可以划分为六个阶段：形成期、扩展期、稳定期、收缩期、空巢期、解体期。家庭在不同的阶段会产生不同的需求和任务。结合家庭生命周期理论,考虑年龄以及失能发生概率的影响,失能老年人一般生活在家庭生命周期的空巢期的后半时期以及解体期,这两个阶段属于家庭的衰老期,处于这一时期的家庭的人力资源往往会失衡,必须引进家庭以外社会人力资源来补充。本研究的失能老年人家庭是指以60岁及以上失能老年人照护为纽带,形成的血缘、姻缘、亲缘圈。

二、理论基础

(一)血亲价值理论

血亲价值论是姚远在总结生产方式论①、需要论②、依赖论③、经济交换论④、社会交换理论⑤、反馈论⑥以及责任内化论⑦等观点的基础上提出的,主要探讨了我国家庭养老的内在运行机制。血亲价值就是以血亲关系为价值标准。血亲价值论认为,中国家庭养老能够绵延千载,根本原因不是源于严格的经济价值原则,而是一种血亲价值的原则。⑧

血亲价值论的核心内涵包含三个部分。一是血亲关系。该理论认为,血亲关系跟地缘关系、社会关系相比,具有天然性、终生性和自我性。二是人生价值。血亲价值论将维护血亲关系、履行血亲责任和实现血亲利益作为人生的价值和目标,代际关系中的经济原则和经济价值被弱化。三是心理定式。血亲价值是围绕着血亲关系所形成的一种心理定式、精神约束和

---

① 洪国栋,等. 论家庭养老,载于石涛,家庭与老人[M]. 中国文联出版社,1996:16-23.

② 熊跃. 需要理论及其在老人照顾领域中的应用[J]. 人口学刊,1998(5):31-40.

③ 阎卡林. 关于我国一些地区新生婴儿性比例失调的原因及对策——二论"养老"与"生小"的关系[J]. 人口学刊,1983(4):40-43.

④ 杜亚军. 代际交换——对老化经济学基础理论的研究[J]. 中国人口科学,1990(3):24-29.

⑤ 熊跃根. 中国城市家庭的代际关系与老人照顾[J]. 中国人口科学,1998(6):16-22.

⑥ 费孝通. 家庭结构变动中的老年赡养问题——再论中国家庭结构的变动[J]. 北京大学学报(哲学社会科学版),1983(3):7-16.

⑦ 张新梅. 家庭养老研究的理论背景和假设推导[J]. 人口学刊,1999(1):58-61.

⑧ 姚远. 血亲价值论:对中国家庭养老机制的理论探讨[J]. 中国人口科学,2000(6):29-35.

行为方式。血亲价值论强调家庭养老的生命之源不是一种利益机制,而是一种文化机制。只要对血缘关系的责任认同还存在,中国的基本道德原则就不会发生根本性变化,作为基本道德载体的家庭养老也就会遵循既定的道路继续下去。[①]

血亲价值论是构建农村失能老年人家庭支持体系的重要理论基础。在农村,正是由于血亲价值以及传统的伦理文化、儒家文化和孝文化等国家和民族文化的积淀,才使得我国农村养老无论是在过去、现在还是未来,家庭在养老中始终占有重要地位,发挥了重要的功能。

(二)差序格局理论

社会学家费孝通先生在《乡土中国》中提出了差序格局的概念。差序格局就是指"每一家以自己的地位作为中心,向周围划出一个圈子,这个圈子的大小要依着中心势力的厚薄而定","以己为中心,像石子一般投入水中,和别人所联系成的社会关系不像团体中的分子一般大家立在一个平面上的,而是像水的波纹一样,一圈圈推出去,愈推愈远,也愈推愈薄"[②],即每个人都拥有一个以自己为中心的圈子,同时又从属于以优于自己的人为中心形成的新的圈子之内。"差序格局"描述的是"以家庭为中心的乡土社会的人际网络关系",其核心是阐释国旺与家兴之间的互相促进关系。家庭成员有保护家庭的责任。这种强烈的责任感源自我国注重伦理纲常的传统,也展现了我们国家在保护和支持家庭方面的特点与先天优势。家庭的发展是国家、社会、家庭和个人共同的目标。家庭是农村失能老年人得到支持的重要来源。国家应当给予保护失能老年人的家庭和个人以鼓励和支援。

(三)家庭系统理论

家庭系统理论(Family System Theory) 是心理学领域的理论,最早是美

---

① 姚远. 血亲价值论:对中国家庭养老机制的理论探讨[J]. 中国人口科学,2000(6):29-35.

② 费孝通. 乡土中国[M]. 中华书局,2013.

国心理学家墨里·波恩(Murray Bowon)提出的。该理论主要应用于现代家庭治疗。该理论的提出与弗洛伊德的精神分析理论有着密切联系,但其独特之处在于分析家庭成员互动联系时加入了系统论的视角。该理论认为,家庭是由夫妻子系统、亲子子系统等几个系统组成,并按照一定的规则互动和运作的整体系统,是一个连锁的关系网络和情绪单元,家庭成员处在家庭系统的关系之中,整个家庭系统是一个内部成员情绪互动过程,强调家庭环境对家庭成员的作用。要想帮助被诊断为病人的家庭成员和解决主诉问题,一切评估与分析都离不开整个家庭系统,特别是对家庭过程的整体把握。①

我国学者从个体视角出发研究失能老年人的居多。从家庭系统理论来讲,生活在家庭中的失能老年人及其家庭成员在生活、情绪等各个方面相互影响。研究失能老年人需要将其放到家庭的整体系统中考虑。失能事件不仅影响失能老年人,同样也给家庭成员的生活带来影响,影响着家庭资源,如时间、金钱、人力等的重新分配和调整。因此,研究和解决农村失能老年人问题,不能仅仅聚焦在援助失能老年人个体上,应该关注和支持失能老年人所在的整个家庭,提高整个家庭应对失能老年人困境的能力,使失能老年人的问题得到有效解决。

(四)家庭策略理论

为了更好地理解家庭在工业化过程中的作用,西方家庭史的研究使用了家庭策略这个概念,用以研究家庭面临新的外部环境时的决策过程。中国的研究者利用家庭策略理论作为研究家庭能动性和变化特殊性的分析工具。家庭策略主要源自对家庭问题的解决。但是与家庭危机和调适不同,该理论认为,家庭具有积极能动的一面,是一个能动的主体,对家庭所面临的问题和挑战能够做出相应的努力和反应。家庭一方面是受宏观社

---

① Bowen M. Family therapy in clinical Practice[M]. New York, NY:Aronson,1978.

会变迁影响的客体,另一方面也是"以自己原有的特点对社会做出反应"的行为主体。[①] 田渊六郎总结提出,影响家庭策略的结构性要因在于家庭可获取的资源以及与家庭相关的社会规范。[②] 我国农村失能老年人家庭一方面经历着我国农村社会的宏观变迁的冲击,另一方面面临着老年期失能事件或问题的困扰。家庭能够做出何种反应,家庭所做出的反应或者策略是否能够有效地解决失能老年人家庭问题,依赖于家庭内部成员和外部力量的相互配合及其家庭通过努力所能得到的支持力度。

(五)社会资本理论

法国学者布迪厄最早对社会资本的概念进行了系统论述。他认为,社会资本由实体和潜在资源组成,是个人或者团体所拥有的社会关系的总和。林南认为,社会资本是"在目的性行动中被获取的或被动员的、嵌入在社会结构中的资源"。社会资本必须嵌入到网络社会中才可以获得资源,让个体得到发展、得到满足。[③] 美国学者罗伯特·帕特南认为,社会资本是指社会组织的特征,诸如信任、规范以及网络。它们能够通过促进合作来提高社会效率。[④] 对于家庭而言,社会资本能够对家庭拥有的资源进行生产或者再造,将社会资本转换为各种物质或精神资源来促进或者支持家庭发展,降低家庭获取各种家庭发展资源的成本,提高家庭自我保障、自我发展的能力。

因此,要将社会资本引入到农村失能老年人家庭政策构建中,注重发挥社会规范、社会组织、社会关系等对于农村失能老年人家庭发展的支持作用。家庭政策与社会资本在针对家庭以及个体的支持这一出发点上高

---

① 樊欢欢. 家庭策略研究的方法论——中国城乡家庭的一个分析框架[J]. 社会学研究,2000(5):100-105.

② 杨雪. 日本介护老年父母过程中的家庭策略分析——对横滨市一个家庭的个案研究[J]. 社会科学辑刊,2010(2):43-48.

③ 林南. 社会资本——关于社会结构与行动的理论[M]. 上海:世纪出版集团,上海人民出版社,2005.

④ 罗伯特·帕特南. 使民主运转起来[M]. 南昌:江西人民出版社,2001.

度一致。社会资本蕴含于家庭政策的丰富内涵中，家庭政策是社会资本在制度上的固化，社会资本通过互惠互利公共效应，能够激发社会对家庭的支持作用，维系和促进家庭的发展。①

第三节　研究意义、方法和内容

一、研究意义

在学术价值上，以农村失能老年人家庭为研究对象，以家庭需求和家庭发展困境为突破点，基于西方关于失能照护的先进理念和经验，提出构建我国农村失能老年人家庭支持政策的思路，有利于丰富我国家庭政策研究以及失能照护本土化研究的理论体系。

在实践意义上，我国农村人口老龄化程度高于城市，农村失能老人在规模上超过城市，且失能老年人中有照料需求的比例增长快于城市，农村失能老年人的问题比城市更应引起重视。受城乡二元体制、快速城镇化、人口流动加速导致的居住分离等因素影响，农村失能老年人家庭在内部资源和外部支持上都远比城市失能老年人家庭脆弱。因此，聚焦于农村失能老年人家庭，提升农村失能老年人家庭的发展能力，从个人层面，有利于改善和提高农村失能老年人及其家庭照护者的生活质量；从家庭层面，有利于解决和改善失能老年人家庭的各种冲突和失衡；从社会层面，有利于破解农村失能老年人家庭困境，关系着我国能否成功应对人口老龄化的挑战，关系着家庭和社会的和谐稳定。

① 张金峰，张小蒙. 从社会资本来源审视社会保障的发展动力[J]. 西北人口，2007(3)：25-27.

二、研究方法及数据来源

(一)大型调查数据的开发

因为针对农村失能老年人及其家庭的专题调研数据比较缺乏,本研究数据分析所使用的数据主要来自两个大型调查数据库。

数据库一,是中国老龄科研中心 2000 年、2006 年、2010 年"中国城乡老年人口一次性抽样调查"数据库,依据 ADL 和 IADL 指标,将农村失能老年人样本进行分离,得到农村失能老年人数据库。通过描述统计分析农村失能老年人家庭的规模、结构、分布、变动等特征。

数据库二,是 2015 年中国健康与养老追踪调查(China Health and Retirement Longitudinal Survey, CHARLS)数据,并通过与 2014 年数据的对照合并,通过"户口性质"变量将样本按区域分为"城市"和"农村"两大类,共得到样本 12 176 个。其中,"农业户口"10 028 个,"非农业户口"1 931 个,"统一户口和其他"217 个。

随后采用国际上通用的 LB - IADL 量表中的躯体生活自理量表(PSMS)来测量老年人的独立活动能力,包括穿衣、梳洗、进食、如厕、行走和洗澡 6 项。在结果评定中,PSMS 中有 1 项或 2 项失能者为轻度失能;PSMS 中有 3 项或 4 项失能者为中度失能;PSMS 中有 5 项或 6 项失能者为重度失能。

使用本数据时,本研究选取"自己穿衣是否有困难""洗澡是否有困难""自己吃饭是否有困难""起床、下床是否有困难""上厕所是否有困难""弯腰、屈膝或下蹲是否有困难"六个变量分别代表 PSMS 中的 6 项指标;选项"没有困难"和"有困难仍可以完成"代表该项指标无困难,记为"0";选项"有困难,需要帮助"和"无法完成"表示该项指标有困难,记为"1";最后得出六项得分总和。"0"为健康,"1 ~ 2"为轻度失能,"3 ~ 4"为中度失能,"5 ~ 6"为重度失能。共得到农村失能老年人样本 1 461 个。其中,轻度失能 1 224个,中度失能 138 个,重度失能 109 个。

（二）比较归纳分析方法

通过对国内外文献的梳理和比较研究，通过对各地针对失能老年人及其家庭的相关支持政策及实践做法的总结，提出解决农村失能老年人家庭困境的路径。

三、研究内容

第一章　绪论。主要对农村失能老年人家庭发展的研究背景、相关概念和理论基础、研究意义、研究方法和数据来源、研究内容进行阐述，并重点梳理和分析国内外关于失能老年人的相关文献，进行述评。

第二章　农村失能老年人失能现状的实证分析。主要分析基于社会及人口学特征的农村失能老年人失能情况及变化趋势。

第三章　农村失能老年人家庭的现实需求及困境。分析农村失能老年人家庭面临的各种现实需求，包括照料需求、经济需求、信息需求、制度支持需求及发展需求等。在需求分析的基础上，探讨农村失能老年人家庭面临的照料贫困困境、养老功利化及致贫化困境、信息闭塞化困境、文化污名化困境、价值隐性化困境。

第四章　农村失能老年人家庭政策构建。结合农村失能老年人家庭的需求及发展困境分析，在阐释家庭政策内涵的基础上，提出农村失能老年人家庭政策构建的必要性、原则及具体内容设计。

第四节　文献综述

人口老龄化已经成为世界人口发展的共同旋律和趋势。伴随着人口老龄化的深入发展，失能老年人问题愈加凸显，且引起了政府和学术界对失能老年人研究的重视和关注。本部分梳理了国内外关于失能老年人研究的相关研究领域、主题及其研究结果，以期为我国农村失能老年人家庭的研究提供帮助和启示。

一、国外失能老年人相关研究

(一)失能老年人养老模式选择研究

鉴于失能老年人身体功能的特殊性,学者们对失能老年人适合什么样的养老模式进行了论证分析。针对失能老年人的照护模式选择,国外研究者持不同的观点。Victoria E. Bumagin①和美国健康照料协会(American Health Care Association)等认为,社区照护和机构照护具有照护专业性强,能够及时响应老年人的照料需求等特点,跟家庭照护相比更有优势。然而,也有相关研究发现,很多失能老年人倾向于在家庭和社区中接受照护,而不愿接受机构照护。② 有学者在研究日本的养老模式转变中,发现日本80%以上的老年人选择社区居家养老。在家庭发展理念的影响下,很多学者们认为,对失能老年人的照料需要更加强调家庭的责任。家庭政策应该从个体关照走向家庭发展,从福利弥补到强化发展。政府应该通过相关制度和法律规范强调家庭成员的照顾责任。针对不同的照护方式的照护效果,学者进行了研究和评价。Lee 等通过对韩国接受居家照护及养老院照护的脑卒中患者日常活动能力及康复情况的追踪调查发现,接受居家照护比在养老院接受照护更有利于脑卒中患者的日常活动能力和康复。Chen 等的研究也发现,在非正式的居家照护,以社区为基础的正式的居家照护,以及养老院的照护 3 种照护模式中,非正式居家照护更加有利于老年人的健康改善。Young 等的研究数据发现,居家照护更有利于生活质量及身体

① Victoria E. Bumagin. Helping the aging family: A Guide for Professionals [M]. Glenview IL: Scott Foreman Corporation, 1990.

② Gennaro N, Maggi S, Pellizzari M, et al. Early implementation of home care and 30 day readmissions in >65 years veneto region patients discharged for heart failure and with disability [J]. Assist Inferm Ric, 2014, 33 (2): 67 – 73. DOI: 10.1702/1539.16809.

功能改善。Pohlhausen 等学者调查了德国老人居家照护的营养状况，结果显示，超过 1/3 的居家老人有中度或重度食欲不好，近 1/2 的老人不能自主进食，52% 的老人有咀嚼问题，超过 1/4 的老人有吞咽问题，居家照护存在容易忽视失能老年人的健康问题等的不足。①

（二）失能老年人及其家庭的社会支持研究

在制度支持方面，发达国家人口老龄化的进程开始得较早，在政策、法律、制度等方面的建设都比较完善和系统。发达国家对失能老年人长期照护体系的探索比较成熟，其长期照护体系往往由政府、服务机构、家庭成员及非政府组织多方共同参与，正式与非正式支持相互配合。长期照料服务体系让长期照护服务从医疗服务中分离出来，避免因慢性病、退行性疾病而失能的老年人在医院接受护理服务从而占用有限的医疗资源。因社会、经济与文化制度的差异，各国长期照料服务体系在责任分担模式和市场运行模式上存在差异，主要分为以商业保险（如美国）和社会保险（如德国和日本）为主要运行机制两种模式。国外学者的研究主要从社会保障制度的视角出发，关注护理保险制度改革、照护体系的筹资来源、覆盖范围、评估标准及服务效率等。医疗保险和医疗补助是美国居家照护重要的支持形式。1965 年，美国建立了医疗保险和医疗补助项目。医疗保险主要针对急性期后家庭护理，如短时间的治疗和护理需求支持；医疗补助项目主要是针对经济弱势和不良健康群体。医疗保险和医疗补助服务中心（CMS）主要为居家护理提供补助。它将失能老年人的抑郁护理管理也纳入了相应的服务体系中。加拿大建立了长期护理保险制度后，大部分家庭护理开支由公共系统承担。长期护理保险所交保费每隔 5 年调整一次，缴纳保费额受性别、年龄的影响，女性、年老者缴纳额相对更高。日本 2000 年出台了《长期照护保险法》，建立了完善的老年介护体系，其资金来源于政府、社会

① 洪燕，蒋艳．失能老人居家照护的支持性策略应用研究进展[J]．护理学报，2018，25(1)：30－33.

及个人,服务项目包括访问护理服务、社区贴紧服务、日间护理服务、短期托付服务等①,通过《公共保险计划》对低收入失能老年人家庭减免相应服务支付。德国的《护理保险法》明确规定,参加法定医疗保险的人员也有义务参加长期护理保险。2010 年阿根廷颁布《平价医疗法》,通过扩大家庭和社区为基础的长期护理替代机构照护,使每年医疗补助支出平均减少 23.8%。

在服务支持方面,美国近年来比较完善的社区长期照护服务模式是 PACE(Program of All Inclusive Care for the Elderly)模式,即长者护理全包计划。美国针对失能老年人开展综合性老年健康护理计划,即“PACE”计划,以社区为基础,对身体状况符合入住养老院的老人及有医疗保险和医疗补助资格的老人提供医疗和社会服务。加拿大比较具有代表性的是 PRISMA(Program of Research to Integrate the Services for the Maintenance of Autonomy)服务项目,即维持自理能力的综合服务项目。英国为老年人提供“整合照料”(Integrated Caring for Older People ,I - COPE)。对居家照护的老年人提供个案式管理照顾服务,个案管理人员提供评估、照料、追踪、回访等个体化工作和服务,提高了老年人的生活质量。法国针对不同失能老人的个性需求采取相应的服务支持,如针对失能老人采取了个性化自主分配制度(Allocation Personnaliseed Autonomie, APA)作为居家照护的补贴项目。该项目通过对失能老人的失能程度进行评估,对失能程度 1 ~ 4 级的老年人建立个性化护理计划,以所需要服务的最长时间对受益人进行补贴,目的是促进失能老人对所需要的专业护理服务的使用。

在智能和信息化支持方面,失能老人对信息化或者智能系统的支持需求更加迫切。LopeZ 等特别设计了居家照护辅助支持系统,即 SICAA 系统(Sistema Integrado de Controly Automatizacion Asistida,SICAA)。该系统能够帮助患者康复,增强舒适感、维护自尊,改善心理健康以及与家人的关系。

① 洪燕,蒋艳. 失能老人居家照护的支持性策略应用研究进展[J]. 护理学报,2018,25(1):30 - 33.

在远程照护支持方面，随着生理监测系统、生物医学传感器、显像记录、跌倒监测警报等电子信息技术设备的使用，居家照护远程交流指导、警报提醒及生理指标监测越来越被应用到居家照护上。总之，通过信息技术等现代科技手段给予失能老人及家庭在安全保障、生活起居、保健康复、休闲娱乐、学习等各方面支持，能够让居家照护更加智慧、便捷和安全。[①]

（三）失能老年人家庭代际间家庭照护的研究

国外关于代际间家庭照护主要包括两类：一是有子女老人的代际互动，二是无子女或子女无能力照护老人的困境。总体来说，有子女的老人以成年女儿的照护为主，儿子提供给父母的照护远不及女儿，且儿媳的贡献也有限。每个子女提供照顾的时间，与兄弟姐妹，特别是姐妹有关。无子女或子女无力照护的老人存在一定的困难，已婚无孩者依赖配偶照护，非婚者使用社会资源。子女失能，老人需要照顾子女，在经受健康挑战时风险更大。

关于子女照护的研究发现，第一，成年女性是照护的主力军，有子女的老年人以成年女儿照护为主。这一现象在许多研究中都得到证实。Christine L. Himes 指出，女儿是照护年迈父母的传统来源。在有存活父母的女性中，照顾父母是普遍现象。超过一半有存活父母的成年女性希望将来照顾父母。[②] Deborah M. Merrill 研究发现，尽管儿媳愿意协助许多任务和承担与女儿相类似的基本责任，但由于只是在姻亲的范围之内，她们只是提供少量的照护，而且较少成为第一顺位的照护者，照护贡献相对较低。对成年的儿子来说，提供给父母的照护远远比不上女儿。[③] 第二，子女照护的质

① 洪燕，蒋艳．失能老人居家照护的支持性策略应用研究进展[J]．护理学报，2018，25(1)：30－33.

② Christine L. Himes. Parental caregiving by adult women：A Demographic Perspective [J]. Research on Aging. 1994，16(2)：191－211.

③ Deborah M. Merrill. Daughters－in－law as caregivers to the elderly：Defining the In－Law Relationship[J]. Research on Aging. 1993，15(1)：70－91.

量受多种因素的影响。Merril Silverstein 研究孝顺标准如何影响成年孩子给父母提供社会支持。他使用 1997 年与 2000 年的代际纵向调查中 488 个成年子女的数据,发现父亲或母亲的健康状况下降增加孝顺的难度,对子女提供支持的能力要求高。Douglas A. Wolf 等把子女对失能老人照护的效果进行了分类。照护决定在大家庭的范围内做出时,每一个孩子不仅会考虑父母的需求和自己的环境,还会考虑兄弟姐妹的特点及照护行为的缓急。研究发现,比起某一子女单独照护,当兄弟姐妹照护父母的时间增加时,该子女照护父母的时间会减少得更多。研究也发现,如果拥有姐妹提供持续的照护,单个子女提供给父母的照护时间就会减少。已有研究证实,缺少姐妹也会影响父子、母子的关系。[①] 另外,韩国的一项研究表明,老年人以及年青一代把更多的价值放在以相互照顾和援助为基础的双向代际关系中,而不是简单地遵循传统意义上孝顺的概念。[②]

关于无子女或子女无力照护的研究发现,无子女的老人或子女无力照护的老人存在一定的困难。Colleen Leahy Johnson 研究发现,无孩已婚更容易被社会隔离,倾向于依赖配偶,而非婚老人为满足实际需求,在使用长期积累的社会资源方面更有经验。还有一种情况,就是成年子女本身是失能的情况,无法照护老人,还需要老人提供照顾。这一群体的境遇被考虑和关注得非常少[③],Silvia Sörensen 指出,这种环境的家庭当提供照护的父母遭受个人健康挑战时将面临巨大风险。[④]

---

① Rosalind C Barnett, Nancy L Marshall, Joseph H Pleck. Adult son - parent relationships and their associations with sons' psychological distress[J]. Journal of Family Issues. 1992, 13(4): 505 - 525.

② Ik Ki Kim, Cheong - Seok. Patterns of family support and the quality of life of the elderly[J]. Social Indicators Research. 2003,62(1):437 - 454.

③ Colleen Leahy Johnson, Donald J. Catalano. Childless elderly and their family supports[J]. The Gerontologist. 1981,21 (6): 610 - 618.

④ Silvia Sörensen. McArthur Hafen Jr preparation for future care needs by parents providing care for their adult offspring with disabilities[J]. Illness, Crisis & Loss. 2008,16(1): 37 - 51.

二、国内失能老年人相关研究

(一)关于国内失能老年人研究的CNKI知识图谱分析

本研究借助中国知网平台,选择期刊全文数据库、博硕士论文数据库、会议及报纸文献数据库,以“失能老人”“失能老年人”为关键词对近年来已发表的文献进行检索(检索时间为2019年8月16日),共获得1 501篇中文文献,人工筛选剔除会议通知、征文通知、招投标广告等无实质性意义的文献后获得1 486篇文献。

运用文献计量和统计学的方法对研究文献的发文年度、学科分布、高被引文献等进行全面分析,衡量学术界对“失能老人”的关注度。借助Citespace工具对全部命中文献的研究主题进行聚类分析和共词分析,了解学者们关于“失能老人”这一领域的研究现状,以期明晰我国失能老人研究的理论成果和实践经验,反思已有研究不足。

1. 发文年度分析

文献的年度分布不仅能反映一个时期内学者对该领域的关注度,还可以在一定程度上了解该研究所处的发展阶段。见图1-6所示,统计历年来“失能老人”相关研究的文献数量,可以看出对该领域的研究在2009年和2013年呈现爆发式增长。大致可以分成三个阶段:第一阶段是蛰伏期(2004—2009年)。最早在2004年就有学者开始使用“失能老人”这一术语,研究失能老人群体,此后数年一直鲜有学者使用失能老人这一术语提及这一群体。第二阶段是萌芽发展期(2010—2015年)。这一阶段,从2010年第六次全国人口普查中加入关于失能老人的调查,以及全国老龄办和中国老龄科学研究中心开展全国失能老年人状况专题研究来看,失能老年人逐渐进入学界和政府的关注视野。第三阶段是增长期(2016年以后)。“十三五”时期,关于失能老人的研究呈快速上升趋势,每年发表相关论文突破200篇，这跟政府对失能老人的重视以及我国人口老龄化的不断加剧息息相关。

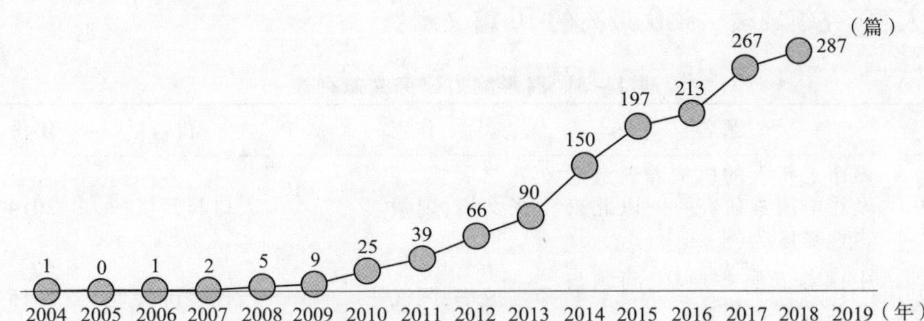

图1-6 失能老人研究文献数量的年代分布图

2. 文献学科分布分析

对所选期刊刊载论文的所属学科进行统计，其分布结果见图1-7所示。社会学、护理学和公共卫生与预防医学为主要学科来源，约占四分之三，其中社会学占六成多。保险、公共管理和商业经济约占九分之一。此外，在建筑学、政治学、法学等学科均有分布。这说明"失能老人"相关研究与社会学、护理学及预防医学密切相关。

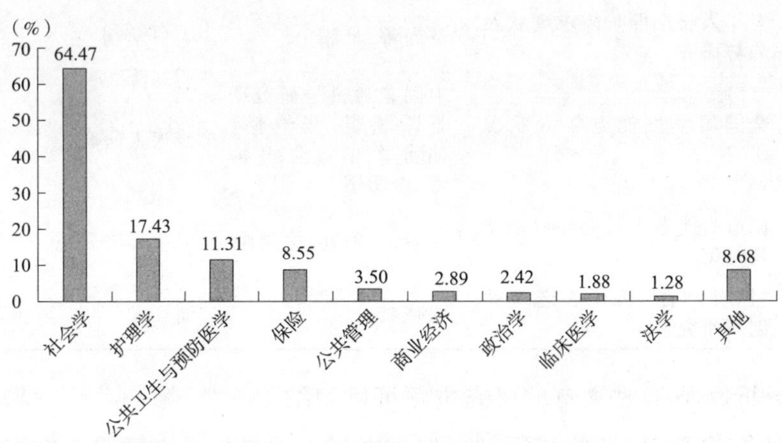

图1-7 失能老人研究文献学科分布统计图

注：有些期刊论文同时分属两个(或以上)学科，因此各个学科的文献分布加总百分比大于100%。

3. 高被引文献分析

文献被引率高往往反映该文献学术影响力高。表 1－3 列出了“失能老人”研究领域被引频次最高的 10 篇文献。

表 1－3　高影响力研究文献列表

序号	题名	作者	刊名	年份
1	城市老年人的机构养老意愿及影响因素研究——以北京市西城区为例	张文娟，魏蒙	人口与经济	2014
2	中国养老服务现状、问题与公共政策选择	张盈华，闫江	当代经济管理	2015
3	中国城市地区机构养老服务业发展分析	王莉莉	人口学刊	2014
4	论医疗保险制度设计对失能老人的救助功能——基于医养结合长期照护模式的考察	吴宏洛	福建师范大学学报（哲学社会科学版）	2014
5	中国失能老年人构成及长期护理需求分析	景跃军，李元	人口学刊	2014
6	中国老年人口失能率及失能规模分析——基于第六次全国人口普查数据	潘金洪，帅友良，孙唐水，张吟鹤，薛晓华，周长青	南京人口管理干部学院学报	2012
7	老年人长期照护需求现状及趋势研究	尹尚菁，杜鹏	人口学刊	2012
8	全国城乡失能老年人状况研究	中国老龄科学研究中心课题组，张恺悌，孙陆军，牟新渝，王海涛，李明镇	残疾人研究	2011
9	城市失能老人长期照料现状及对策	倪荣，刘新功，朱晨曦	卫生经济研究	2010
10	“医养结合”机构养老模式创新研究	袁晓航	浙江大学	2013

分析发现，这些文章的研究主题可以归纳为三类：第一类是对现阶段养老服务现状和问题的调研，如《城市老年人的机构养老意愿及影响因素研究——以北京市西城区为例》《中国养老服务现状、问题与公共政策选择》《中国城市地区机构养老服务业发展分析》；第二类是对失能老人生存

现状及照护需求的调研,如《全国城乡失能老年人状况研究》《城市失能老人长期照料现状及对策》;第三类是对"医养结合"等养老创新模式的思考,如《论医疗保险制度设计对失能老人的救助功能——基于医养结合长期照护模式的考察》《"医养结合"机构养老模式创新研究》。

4. 高频关键词分析

关键词是文章的主体内容和信息的高度总结和概括。论文中的高频词往往能反映该领域的研究热点。借助 Citespace 软件对全部文章进行关键词提取和分析,获得高频关键词列表,见表 1-4 所示。

表 1-4 高频主题词及频次列表

序号	关键词	频次	中心性	序号	关键词	频次	中心性
1	失能老人	818	0.3	21	长期护理	40	0.02
2	失能老年人	261	0.33	22	养老院	39	0.07
3	长期照护	173	0.19	23	照护服务	38	0.07
4	养老机构	144	0.09	24	敬老院	37	0.07
5	失能	136	0.05	25	长期护理保险制度	37	0.03
6	医养结合	123	0.04	26	长期照护保险	32	0.01
7	老年人	102	0.12	27	生活质量	31	0.01
8	养老服务	76	0.11	28	家庭照顾者	31	0.05
9	人口老龄化	68	0.03	29	养老服务机构	30	0.04
10	长期护理保险	67	0.04	30	农村	27	0.02
11	老龄化	52	0.02	31	养老模式	27	0.03
12	需求	51	0.06	32	长期照料	27	0.04
13	影响因素	51	0.06	33	养老服务体系	26	0.03
14	机构养老	49	0.05	34	老人	21	0.02
15	社会支持	48	0.05	35	护理服务	21	0.01
16	居家养老	47	0.07	36	养老服务设施	19	0.01
17	居家养老服务	46	0.05	37	照顾者	17	0.01
18	社区养老	43	0.05	38	老年	16	0
19	老年人口	42	0.11	39	照护需求	16	0
20	养老服务业	41	0.04	40	社区	15	0.03

由表 1－4 可见，频次和中心度双高的关键词包括失能老人、失能老年人、长期照护、医养结合、养老服务、机构养老、社会支持、长期护理保险等，表明这些内容不仅比较活跃，还处于学者关注的核心研究位置。

5. 共词聚类分析

共词聚类分析法是指以能概括文章内容的词汇作为分析对象，通过一系列的统计手段，将具有一定语义联系的词汇聚集起来形成类团，用以表达该领域的研究结构与研究热点。本研究选用具有高度概括性的主题词为研究字段，借助 Citespace 分析软件和人工判读方式，对全部文章的主题词进行共词聚类分析，结果见图 1－8 所示。

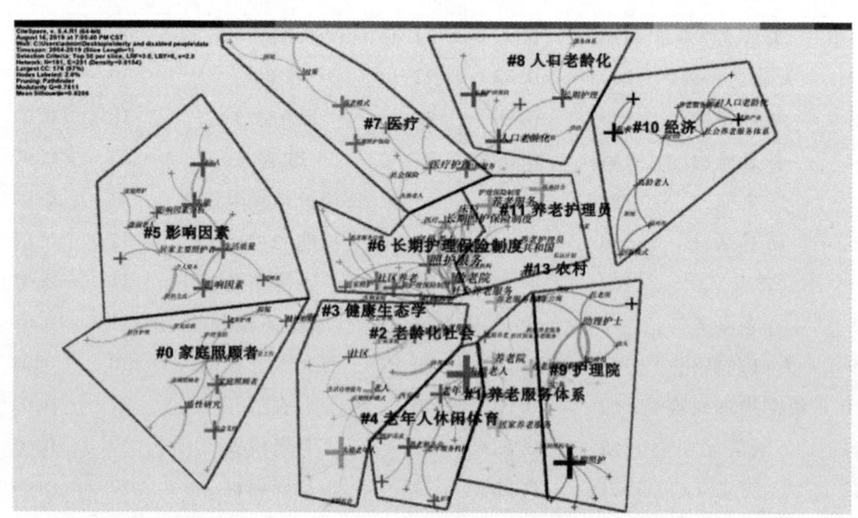

图 1－8 失能老人研究文献的共词聚类分析

图 1－8 显示全部文章的主题词共现关系图，具有明显的中心聚集性。这些主题词可以进一步归纳为四类：第一类是人口老龄化现状及应对；第二类是老龄化社会及养老服务体系建设；第三类是居家养老；第四类是老年护理及长期护理保险。

（二）我国失能老人具体内容研究

1. 我国失能老年人现状研究

随着我国人口老龄化进程的加快，失能老年人问题日益凸显，成为人口老龄化进程中最严峻的挑战之一。

（1）失能老年人的规模、特征及发展趋势

我国失能老年人口的规模居世界首位。搞清失能老年人的规模及其发展趋势对于了解失能老年人长期照料服务需求非常重要。第六次全国人口普查数据显示，全国失能老人总数达到 520 221 人，男性失能老人为 216 596 人，女性失能老人为 303 625 人。[①] 其中，四川省、河南省、山东省失能老人数量排在前三位。[②] 张文娟等经过测算发现，2010 年我国老年人的失能率为 11.20%，失能老年人口的绝对规模超过 1 989 万人。其中，城镇失能老年人口的规模超过 748 万人，农村失能老年人口的规模为 1 241 万人。2010 年的城乡地区，中重度失能老年人的规模接近 431 万人，占老年人口总数的 1.92%。其中，城市老年人口中的中重度失能老年人数量接近 126 万人，在农村地区超过 215 万人。农村老年人的中重度失能的风险以及失能人群的绝对规模均高于城市。[③] 景跃军等学者研究发现，2054 年我国失能老年人总量将达到峰值约 4 300 万人，其中生活完全不能自理老人约 1 600 万人，失能老人占总人口的比重达 3.1 %。2054 年之后将维持在这一水平上。[④] 杨明旭等学者预测，2050 年我国 60 岁以上 ADL 失能老人

---

① 国务院人口普查办公室，国家统计局人口和就业统计司．我国 2010 年第六次人口普查资料[M]北京：中国统计出版社，2012.

② 潘金洪，帅友良，孙唐水，等．中国老年人口失能率及失能规模分析——基于第六次全国人口普查数据[J]．南京人口管理干部学院学报，2012，28(4)：3－6＋32.

③ 张文娟，魏蒙．中国老年人的失能水平和时间估计——基于合并数据的分析[J]．人口研究，2015，39(5)：3－14.

④ 景跃军，李涵，李元．我国失能老人数量及其结构的定量预测分析[J]．人口学刊，2017，39(6)：81－89.

数量将增加到约4 000万人。① 2016年全国老龄办发布的《第四次中国城乡老年人生活状况抽样调查成果》显示，我国失能、半失能老年人约4 063万人，占老年人口的18.3%。随着人均预期寿命的增加，失能老人的规模还将不断上升。全国老龄工作委员会预测，到2030年和2050年，我国的失能老人将分别达到6 168万人和9 750万人。②

国内学者对老年人的失能率进行了诸多研究，但是由于受地区、测量工具、样本等各种因素的影响，得出的结论差异较大。丁华和严洁基于2011年、2013年和2015年中国健康与养老追踪调查（CHARLS）的面板数据，从日常生活活动能力（ADL）和工具性日常生活活动能力（IADL）两个维度对中国老年人的失能率进行测算。研究结果表明，老年人ADL截面失能率在3次调查中为10.26% ~11.08%。IADL对于老年人身体功能要求较高，3次调查测算的失能率为20.73% ~21.61%。③ 杨明旭等学者基于2000年、2006年、2010年《中国城乡老年人一次性抽样调查》追踪调查数据（SSAPUR）分析发现，虽然十年间我国80岁以上高龄人口占比在上升，客观上增加了老年群体总的失能风险，但60岁及以上老人的日常生活自理能力（ADL）失能率仍从8.92%降到了8.13%。教育水平和收入的提升、城镇居住有利于老年人的健康。④

从城乡来看，一部分研究结果显示，不管是失能人口规模还是失能率，

① 杨明旭，鲁蓓，米红．中国老年人失能率变化趋势及其影响因素研究——基于2000，2006和2010 SSAPUR数据的实证分析[J]．人口与发展，2018，24(4)：97－106.

② 总报告起草组，李志宏．国家应对人口老龄化战略研究总报告[J]．老龄科学研究，2015，3(3)：4－38.

③ 丁华，严洁．中国老年人失能率测算及变化趋势研究[J]．中国人口科学，2018(3)：97－108＋128.

④ 杨明旭，鲁蓓，米红．中国老年人失能率变化趋势及其影响因素研究——基于2000，2006和2010 SSAPUR数据的实证分析[J]．人口与发展，2018，24(4)：97－106.

农村老年人口的失能状况比城市严重[①②③④⑤],但是,也有学者的研究显示,城镇老年人更倾向于走上自理能力不健全的轨迹[⑥⑦⑧];从性别来看,大部分研究显示,女性老年人的失能程度要高于男性[⑨⑩⑪⑫⑬⑭⑮];从年龄来看,随着年龄增长,老年人失能率越来越高,城乡失能老年人以高龄老年人为主[⑯],年龄越大生活自理能力越差。从婚姻状况来看,失能老人中无配偶的比有配偶的多,凸显了婚姻对老年人日常生活自理能力的保护功能[⑰⑱⑲];

---

① 张文娟,魏蒙. 中国老年人的失能水平和时间估计——基于合并数据的分析[J]. 人口研究,2015,39(5):3-14.

② 陈瑶. 失能老人长期照护选择意愿研究[D]. 贵州财经大学,2018.

③ 伍小兰,刘吉. 中国老年人生活自理能力发展轨迹研究[J]. 人口学刊,2018,40(4):59-71.

④ 杜鹏,武超. 中国老年人的生活自理能力状况与变化[J]. 人口研究,2006(1):50-56.

⑤ 方黎明,王琬. 中国老年人生活自理能力的基本状况——基于第六次人口普查长表数据的分析[J]. 社会福利(理论版),2013(7):35-40.

⑥ 魏蒙,王红漫. 中国老年人失能轨迹的性别、城乡及队列差异[J]. 人口与发展,2017,23(5):74-81+98.

⑦ 姜向群,魏蒙. 中国高龄老年人日常生活自理能力及其变化情况分析[J]. 人口与发展,2015,21(2):93-100+92.

⑧ 庄绪荣,张丽萍. 失能老人养老状况分析[J]. 人口学刊,2016,38(3):47-57.

⑨ 失能老人长期照护选择意愿研究[D]. 贵州财经大学,2018.

⑩ 龙敏. 中国老年人日常生活自理能力的影响因素研究[D]. 华东师范大学,2013.

⑪ 伍小兰,刘吉. 中国老年人生活自理能力发展轨迹研究[J]. 人口学刊,2018,40(4):59-71.

⑫ 杜鹏,武超. 中国老年人的生活自理能力状况与变化[J]. 人口研究,2006(1):50-56.

⑬ 方黎明,王琬. 中国老年人生活自理能力的基本状况——基于第六次人口普查长表数据的分析[J]. 社会福利(理论版),2013(7):35-40.

⑭ 朱雪雪,张玉,刘宏宇,等. 中国老年人失能现况及影响因素分析[J]. 中国公共卫生,2019,35(7):914-917.

⑮ 张文娟,魏蒙. 中国老年人的失能水平和时间估计——基于合并数据的分析[J]. 人口研究,2015,39(5):3-14.

⑯ 邓文燕. 重庆市以居家为基础的城乡失能老年人长期照护需要研究[D]. 重庆医科大学,2018.

⑰ 陈瑶. 失能老人长期照护选择意愿研究[D]. 贵州财经大学,2018.

⑱ 龙敏. 中国老年人日常生活自理能力的影响因素研究[D]. 华东师范大学,2013.

⑲ 方黎明,王琬. 中国老年人生活自理能力的基本状况——基于第六次人口普查长表数据的分析[J]. 社会福利(理论版),2013(7):35-40.

从受教育程度来看,有研究发现,受教育程度对老年人 ADL 和 IADL 的影响存在差异,受教育程度对 IADL 的影响显著,受过教育的老年人比未受过教育的老年人的 IADL 能力和状况要好。① 从健康状况来看,罹患慢性病会影响老年人的日常生活自理能力。从居住安排状况来看,独居老年人失能的可能性最高。② 从医疗和老龄服务来看,医疗资源和老龄服务可及性越差,失能的概率越高。③ 从地区来看,杜鹏等学者利用 2004 年全国人口变动抽样调查数据分析发现,中西部地区老年人生活不能自理的比例远高于东部地区。④ 龙敏等学者利用 2008 年中国老年健康长寿跟踪调查的个体微观数据和调查 23 个省市的宏观区域数据分析发现,老年人 ADL 的残障比例在东中西三大地带中呈现由西向东依次递增的趋势。老年人 IADL 残障比例由高到低依次是中部地区、东部地区和西部地区。姜向群等采用 2002 年和 2011 年北京大学老龄健康与家庭研究中心组织实施的全国老年健康影响因素跟踪调查数据分析发现,东部地区老年人的失能率高于中西部地区。⑤

关于我国失能老人的规模发展趋势,诸多研究认为,伴随人口老龄化和人口高龄化趋势的不断发展,中国失能老人规模不断扩大是中国人口老龄化过程中的必然趋势。⑥⑦

---

① 龙敏．中国老年人日常生活自理能力的影响因素研究[D]．华东师范大学,2013.

② 王殿玺．社区老龄服务提供对老年人日常生活自理能力的影响研究[J]．老龄科学研究,2019,7(2):32-40.

③ 刘二鹏,张奇林．农村失能老人的性别差异及其影响机制——基于 CLHLS(2014)数据的实证分析[J]．社会保障研究,2019(2):49-58.

④ 杜鹏,武超．中国老年人的生活自理能力状况与变化[J]．人口研究,2006(1):50-56.

⑤ 姜向群,魏蒙．中国高龄老年人日常生活自理能力及其变化情况分析[J]．人口与发展,2015,21(2):93-100+92.

⑥ 王乐芝,曾水英．关于失能老人状况与老年长期护理保险的研究综述[J]．人口学刊,2015,37(4):86-91.

⑦ 罗小华．我国城市失能老人长期照护问题研究[D]．西南财经大学,2014.

(2)失能老人照护方式的选择

分析我国失能老年人照料方式的选择情况以及选择偏好的影响因素,有利于更科学、精准地为失能老年人构建相应的照料服务体系,满足失能老年人的多样化需求。我国失能老年人长期照护模式主要有居家式、机构式和社区居家式三种。①

从失能老年人的长期照护选择意愿来看,失能老年人更加倾向于居家长期照护。②③比如,张利等学者研究发现,失能老人对长期照护方式的选择意愿优先是子女照护;其次是多元照护、配偶照护、政府照护。影响失能老人长期照护选择意愿的因素主要包括失能老人的居住状态、文化程度、生活满意程度、经济状况、城乡分布、失能程度、长期照料服务供给。④⑤⑥基于湖南省的实证研究发现,农村失能老年人希望获得的长期照护方式以家庭照护为主,占 56.3%;社区照护逐渐被认可,占 27.9%;机构照护接受度不高,占 15.8%。⑦ 基于山东省农村失能老年人的调查发现,农村失能老年人最偏好的长期照护方式是家庭照护。⑧⑨

从失能老年人的实际照护方式来看,在社会化、市场化的老年长期护

---

① 方新荣,金浪. 浅谈我国社区居家失能老年人长期照护中社会支持系统存在的问题及其建议[J]. 海峡科学,2017(9):57-60.

② 石小盼,张会君,隋佳,等. 辽宁省农村独居失能老人长期照护模式选择意愿及其影响因素分析[J]. 现代预防医学,2016,43(24):4467-4470.

③ 王莹,谷艳侠,夏小丽. 失能老年人长期照料方式选择意愿的影响因素[J]. 护理研究,2017,31(15):1871-1873.

④ 张利,杨福,余红剑,等. 失能老人长期照料模式决策影响因素多分类 Logistic 回归研究[J]. 卫生软科学,2015,29(6):354-357.

⑤ 陈瑶. 失能老人长期照护选择意愿研究[D]. 贵州财经大学,2018.

⑥ 王莹,谷艳侠,夏小丽. 失能老年人长期照料方式选择意愿的影响因素[J]. 护理研究,2017,31(15):1871-1873.

⑦ 廖小利. 农村失能老年人长期照护服务需求及影响因素分析——基于湖南的实证[J]. 人口与发展,2019,25(1):119-128.

⑧ 李强,岳书铭,毕红霞. 农村失能老年人长期照护意愿及其影响因素分析——基于山东省农村失能老年人的问卷调查[J]. 农业经济问题,2015,36(5):30-41+110.

⑨ 徐晓君. 山东省农村失能老年人长期照护服务研究[D]. 山东农业大学,2018.

理体系发育不足的背景下，作为非正式社会支持的家庭，尤其是子女与配偶仍然是失能老人照料服务的重要供给主体。[①②]亲友、邻里主要给予失能老人情感方面的支持，以政府为主体的正式社会支持体系仅提供部分物质支持，在行为支持与情感慰藉两方面皆处于缺位状态，制度性的社会支持形式十分单一，整体的社会支持体系不健全，结构不协调、不合理。[③] 有学者基于2011—2012年、2014年中国老年健康影响因素跟踪调查（CLHLS）数据，分析失能老人照料现状发现，90%以上的失能老人主要依靠家庭照料，失能老人生活照料过于依赖家庭，社会照料比例低。[④⑤]也有研究显示，失能老人的主要生活来源来自子女供给的占66%，来自政府和社团支持的仅占6%。有研究利用中国老年健康影响因素跟踪调查（CLHLS）2005—2014年的数据，分析失能老人非正式照顾和正式照顾利用情况的时间变化趋势和区域差异特征，运用多层混合Logit模型考察正式照顾对非正式照顾利用的影响。研究发现，失能老人非正式照顾利用率居高不下，呈现明显的地区差异特征；正式照顾利用率水平维持在低位，对非正式照顾产生明显的替代效应；经济收入、人力资本、社会资本水平低的"资源匮乏型"失能老人更加依赖非正式照顾。因而，需要通过提升正式照顾服务的可获得性，全面整合照顾服务体系。[⑥]

---

① 庄绪荣，张丽萍．失能老人养老状况分析[J]．人口学刊，2016，38（3）：47－57.

② 李运华，刘亚南．城镇失能老人子女照料的影响因素分析——来自CLHLS 2014的经验证据[J]．调研世界，2019（1）：30－35.

③ 王丽君．农村失能老人的社会支持研究[D]．华中科技大学，2013.

④ 孙金明．中国失能老人照料需求及照料满足感研究——基于中国老年健康影响因素跟踪调查[J]．调研世界，2018（5）：25－31.

⑤ 苏群，彭斌霞，陈杰．我国失能老人长期照料现状及影响因素——基于城乡差异的视角[J]．人口与经济，2015（4）：69－76.

⑥ 张瑞利，林闽钢．中国失能老人非正式照顾和正式照顾关系研究——基于CLHLS数据的分析[J]．社会保障研究，2018（6）：3－13.

(3)失能老人生活质量

失能老人生活质量显著低于普通人群。[①] 有学者利用 2014 年中国老年社会追踪调查数据，探讨了失能老人的幸福感状况。研究发现，失能是晚年幸福的核心掣肘，与未失能者相比，失能老人的幸福感偏低。[②] 影响失能老年人生活质量或者幸福度的主要因素为文化程度、年龄、性别、婚姻状况、居住地是否习惯、收入状况、失能程度、慢性病及慢性病数量、照顾者负担、社区服务。[③④⑤⑥⑦⑧]

城乡失能老年人精神健康状况不容乐观。[⑨⑩]失能老人幸福度与消极心态呈负相关。[⑪] 有学者利用 CHARLS 2013 年的调查数据分析了非正式照料对失能老人心理健康的影响。研究发现，非正式照料对失能老人的抑郁程度和生活满意度有显著改善作用，深入分析发现，配偶和子女(及子女的配偶)提供的非正式照料都可以改善失能老年人的心理健康，但是其他亲

① 刘然，郭珊，杨世琴. 北京市社区失能老人生活质量调查及影响因素分析[J]. 中国社区医师，2018，34(5)：170－171.

② 丁百仁. 失能老人的幸福感现状及其影响因素[J]. 人口与社会，2017，33(3)：53－63.

③ 秦琼，孟爽，唐启群，等. 养老机构失能老年人幸福度及影响因素分析[J]. 护士进修杂志，2019，34(15)：1415－1418.

④ 李运，赵佳，唐启群，等. 居住养老机构的老年人失能现状及失能老年人的生活质量影响因素[J]. 中国老年学杂志，2019，39(5)：1213－1216.

⑤ 何淑娴，张艳，张慧颖，等. 河南省 350 名农村失能老人幸福度现状研究[J]. 全科护理，2019，17(12)：1520－1523.

⑥ 张玉晶，路雪芹，张婷，等. 农村失能老年人生活质量及影响因素[J]. 中国老年学杂志，2016，36(14)：3567－3569.

⑦ 叶芬，张清，柴倩文. 城市社区居家失能老人生命质量的现状[J]. 中国老年学杂志，2016，36(18)：4590－4592.

⑧ 熊鹰，袁文艺，刘喆. 中国居家失能老人生活满意度及其影响因素——基于 CLHLS 数据的实证分析[J]. 管理研究，2017(2)：63－75.

⑨ 邓文燕. 重庆市以居家为基础的城乡失能老年人长期照护需要研究[D]. 重庆医科大学，2018.

⑩ 顾佳欢，尹志勤，李晖，等. 失能老人孤独状况及影响因素分析[J]. 护理研究，2017，31(27)：3379－3382.

⑪ 段岩，张艳，罗明亮，等. 农村失能老人幸福度影响因素研究[J]. 卫生职业教育，2019，37(13)：145－148.

属提供的非正式照料对于失能老人心理健康的影响不显著。最后,对于不同群体的异质性分析表明,非正式照料更能够显著改善女性的心理健康,而对男性的心理健康没有显著影响;非正式照料能够缓解轻微失能老人的抑郁程度,提高他们的生活满意度,但是对于严重失能的老人的抑郁程度和生活满意度没有显著的影响。① 照护者应在提高家庭照护能力的同时帮助老人多参与社会活动,关注精神层面的需求,重视失能老人的心理健康,提升其主观幸福感。②

2. 失能老人需求和困境研究

(1)失能老年人的需求

关于失能老人的需求的研究,以往学者主要是从照护需求的角度展开。

失能老人由于自理能力差、健康水平低下和态度消极悲观等原因加剧了对护理服务的需求,对供给内容也提出了更高的要求。失能老年人存在身体照护、社区服务以及辅助用具等多方面的照护需求。有研究发现,身体照护需求主要包括洗澡、上厕所、上下床和在室内走动等。③④社区服务需求包括预防与保健、紧急救助、家庭医生、知识讲座、心理护理和健康档案、

① 刘亚飞,张敬云. 非正式照料会改善失能老人的心理健康吗?——基于 CHARLS 2013 的实证研究[J]. 南方人口,2017,32(6):64-78.

② 王晓娟,齐明山,赵彩萍. 失能老人幸福度及其影响因素的研究[J]. 现代预防医学,2017,44(21):3962-3965+3986.

③ 李珍,徐昊楠,王德文. 福建省社区失能老年人的照护需求及影响因素[J]. 中国公共卫生:1-5.

④ 孙金明. 中国失能老人照料需求及照料满足感研究——基于中国老年健康影响因素跟踪调查[J]. 调研世界,2018(5):25-31.

协助参与聚会活动、小饭桌等。[①][②][③]日常生活照护需求主要包括家务助理、代购和陪同、陪伴聊天等。居家护理服务需求主要包括吸氧、口腔护理和鼻饲喂养等。有学者使用2014年《中国老年健康影响因素跟踪调查(CLHLS)》数据研究发现，居家失能老年人对医疗保健类服务需求最高，但结合供给来看，生活照料类服务中的起居照料服务和精神慰藉类服务中的聊天解闷服务无供给有需求的比例更高，医疗保健类服务供需较匹配。[④]

年龄、健康状况、慢性病的种类、失能持续时间、文化程度等影响失能老年人的服务需求。[⑤][⑥]失能等级是影响服务需要的主要因素，不同程度生活自理能力老年人与不同健康服务需求间聚集关系明显。邓文燕等学者的研究发现，失能程度不同，城乡区域不同，失能老年人的照料需求存在差异。医疗及康复等方面的需求是轻度、中度和重度失能老年人的共同需求。跟重度失能老年人不同，轻度和中度失能老年人对娱乐活动仍然存在需求；中度和重度失能老年人对送餐、交通帮助、家政服务、指导照护者、协助租赁老年辅助用具、聊天解闷、心理疏导等有共同的需求。农村轻度失能老年人的照护需要还包括交通帮助；城市中、重度失能老年人的照护需要还包括家庭设施改造。[⑦] 丁玉婷的研究发现，居家失能老年人的个人特征是社区养老服务需求的硬约束条件。独生子女家庭和经济状况较差的

---

① 吴芳琴，范环，肖树芹，等．北京市社区失能老年人的照护需求及其影响因素[J]．中华护理杂志，2018，53(7)：841－845.

② 谢琼，蔡敏，周岳鹏，等．广州市失能高龄老人社区卫生服务需求的调查[J]．实用临床医学，2018，19(9)：94－96.

③ 汪群龙，金卉．城市失能老人照护需求、偏好及长期照护服务体系建设[J]．中国老年学杂志，2017，37(11)：2805－2807.

④ 丁玉婷．我国居家失能老人社区养老服务的需求研究[D]．华东师范大学，2018.

⑤ 罗盛，罗莉，张锦，等．城市社区不同生活自理能力老年人健康服务项目需求对应分析[J]．中国卫生统计，2017，34(6)：951－953.

⑥ 陈柳柳，邓仁丽，陈苏红，等．养老机构失能老人护理服务需求调查研究[J]．护理与康复，2016，15(6)：531－535.

⑦ 邓文燕．重庆市以居家为基础的城乡失能老年人长期照护需要研究[D]．重庆医科大学，2018.

居家失能老年人是社区养老服务高需求人群；城乡差异是居家失能老年人社区养老服务需求的最显著影响因素。居住在乡村的居家失能老年人对社区养老服务的需求明显高于城镇和城市。[①]

(2)失能老年人的困境

长期照护体系在我国的社会保障制度设计中仍然缺位。众多研究表明，我国失能老年人面临的困境主要是长期照护供需失衡，尤其是农村地区老年人的长期照护供需矛盾更为突出。[②] 机构及居家失能老年人ADL需求未满足状况均较严重。[③] 针对当前失能老年人养老照护现状，完善长期照护服务体系建设是解决我国人口老龄化、失能老年人的照护需求不断增多的必然要求。失能老年人照护政策作为一项改善老年人健康状况的重要公共政策，对于促进失能老年人的幸福生活与晚年健康、加快建立和完善城乡统筹协调的长期照护制度乃至健全我国养老政策的顶层设计具有重要意义。[④] 当前，长期护理存在缺乏制度保障、供给主体缺失、专业人才队伍和服务缺失、部门利益冲突、长期照护的有效需求不足、家庭照护失能老年人的功能逐渐弱化等问题[⑤][⑥]，面临政策定位不精准、配套整合性政策滞后、护理保障水平差异大、覆盖群体与责任主体不健全、政策帮扶对象信息不健全等诸多现实挑战。有学者通过实地调查发现，由于长期照护服务体系建设的滞后，南宁市失能老年人长期照护供需结构性失衡明显，如照护服务机构提供的养老床位不能满足老人的入住需求；机构服务内容不能满足老人多样化的照护需求；机构护理人员不足，专业护理人才

① 丁玉婷. 我国居家失能老人社区养老服务的需求研究[D]. 华东师范大学,2018.

② 何礼平. 我国农村失能老人长期照护服务体系研究[D]. 武汉大学,2017.

③ 陈申. 机构及居家失能老人日常生活活动需求未满足状况及其差异性研究[D]. 南京医科大学,2018.

④ 陆杰华,沙迪. 老龄化背景下失能老人照护政策的探索实践与改革方略[J]. 中国特色社会主义研究,2018(2):52-58.

⑤ 赵云芸. 失能老人长期照护供给问题研究[J]. 纳税,2019,13(2):286-287.

⑥ 范鑫磊. 我国失能老人长期照护问题研究[J]. 现代妇女(下旬),2014(11):348.

稀缺等。[①] 在农村，失能老年人长期照护存在供求不匹配的现实问题，包括：在宏观层面，政府缺乏长期照护的规划和财政支持不足的问题；在微观层面，存在公办养老机构门槛高、资源利用效率低，民营养老机构资金困难以及家庭照护供给能力不足等问题。[②]

3. 失能老年人的社会支持

失能老年人的社会支持研究主要集中在正式支持和非正式支持两个方面。从正式支持和非正式支持两个维度构建失能老年人的社会支持体系，强调多元主体的共同参与和相互支持，是一条必由之路。

正式支持方面。以往研究认为，我国应该建立健全涵盖政府、社会组织以及其他相关机构的失能老年人长期照护体系，尽快建立健全符合我国国情的老年长期护理保险制度，制定长期照护津贴政策，为失能老年人照料提供保障。应大力发展专业化服务养老机构，建立失能评估机构以及专门护理机构、日间照料机构和居家护理服务机构。失能老年人长期照料服务体系需要较多的人力资源投入。[③] 缓解失能老年人家庭及照顾者的负担，提高照护水平。[④] 有研究提出，失能老年人养老服务体系应包括免费为特殊失能老年人提供的福利性基本养老服务子系统；以成本价格为依据向普通失能老年人提供的非营利性基本养老服务子系统；以市场价格为依据向全体失能老年人提供的营利性非基本养老服务子系统。为有效供给这些服务，应完善以技术创新、模式创新、走医养结合之路为主要措施的制度建设支持系统；优化以政府政策性投入为杠杆，撬动社会资本为主要措施的经济支持系统；培育以发展智能养老服务机器人为主要措施的“人力”支

① 王翠红．供给侧改革视角下失能老人长期照护的政府责任研究[D]．广西大学，2018.

② 何礼平．我国农村失能老人长期照护服务体系研究[D]．武汉大学，2017.

③ 景跃军，李涵，李元．我国失能老人数量及其结构的定量预测分析[J]．人口学刊，2017，39(6)：81－89.

④ 刘晓慧，杨玉岩，薛喜娟，等．失能老人家庭照护质量与照顾者负担的相关性[J]．中国老年学杂志，2019，39(16)：4081－4084.

持系统。①

《中华人民共和国老年人权益保障法》中明确规定:“国家逐步开展长期护理保障工作,保障老年人的护理需求。对生活长期不能自理、经济困难的老年人,地方各级人民政府应当根据其失能程度等情况给予护理补贴。”《国务院关于加快发展养老服务业的若干意见》确立了坚持保障基本的原则,强调要以政府为主导,发挥社会力量作用,着力保障特殊困难老年人的养老服务需求,确保人人享有基本养老服务,并把失能老年人确定为公办养老机构重点服务对象。《社会养老服务体系建设规划(2011—2015年)》《“十三五”国家老龄事业发展和养老体系建设规划》都提出要优先保障失能等特殊困难老年人的服务需求,并将失能老年人纳入长期护理制度试点、福利补贴制度、公办养老机构改革、政府购买服务等重点任务中。《“十三五”国家老龄事业发展和养老体系建设规划》针对护理型床位比例偏低的现状,提出了2020年全国护理型养老床位占养老床位总数比例不低于30%的规划目标,对养老服务床位进行结构性调整。人力资源和社会保障部2016年印发《关于开展长期护理保险制度试点的指导意见》,要求在全国选取15个城市进行试点,探索建立服务和保障失能人群的社会保险制度。截至2017年底,15个城市共6.49万名参保人员享受了长期护理保险待遇,基金支付47 399万元,人均基金支付7 303元。

在完善失能老年人服务政策措施方面,民政部会同相关部门采取了一系列措施。一是明确标准,加强评估。下发了《关于推进养老服务评估工作的指导意见》(民发〔2013〕127号),制定了《老年人能力评估》行业标准,建立了老年人能力评估体系。二是加强资金保障。2014年,财政部、国家发展改革委、全国老龄办印发《关于做好政府购买养老服务工作的通知》,将失能老年人服务需求纳入优先保障范围。联合财政部、全国老龄办下发

① 唐敏. 失能老人养老服务的理论模型、系统构成与支持体系[J]. 社会保障评论,2018,2(2):148-156.

了《关于建立健全经济困难的高龄、失能等老年人补贴制度的通知》(财社〔2014〕113号)。截至2016年底,已有27个省份建立了高龄津贴,20个省份建立了服务补贴,17个省份建立了护理补贴。同时,配合人力资源和社会保障部门开展长期护理保险试点,探索用保险形式解决失能老年人长期照护资金问题。三是加强服务保障。2016年,国家发展改革委、中国残联印发《"十三五"社会服务兜底工程实施方案的通知》,将面向失能、半失能老年人的老年养护院、医养结合养老设施建设纳入中央预算内投资重点支持范围。2015年,国家卫生计生委等相关部门推动国务院办公厅出台《关于推进医疗卫生与养老服务相结合指导意见的通知》,明确提出,鼓励为社区高龄、重病、失能、部分失能以及计划生育特殊家庭等行动不便或确有困难的老年人提供定期体检、上门巡诊、家庭病床、社区护理、健康管理等基本服务。按照党中央、国务院部署,两部门还积极推进医养结合工作试点,帮助老年人尤其是失能老年人解决康复护理难等问题。建立业务协作机制,打造医养结合服务机构"无障碍"审批环境。2016年,国家发展改革委、财政部印发的《养老服务体系建设中央补助激励支持实施办法》,将护理型养老床位比例纳入对地方的激励和考核范围。各地在实施建设补贴、运营补贴时,多数将补贴向护理型养老床位、失能老年人倾斜。截至2017年底,养老机构通过不同形式提供医疗服务的比例达到93%,超额完成了国务院办公厅《关于推进医疗卫生与养老服务相结合指导意见的通知》设定的2017年底达到50%的工作目标;全国养老机构收住了96.8万失能和部分失能老年人,养老院护理型床位由2015年低于30%提升到了46.4%,提前实现了"十三五"规划确定的目标;全国养老机构养老护理员持证比例由2015年的30%左右提升到了54.77%,专业照护服务能力不断提升。四是取消养老机构设立许可,深化养老领域放管服改革。民政部会同有关部门集中清理申办养老机构的不合理前置审批事项,联合13个部门印发《关于加快推进养老服务业放管服改革的通知》,会同公安部、住房城乡建设部修

订了《建筑设计防火规范》《老年人照料设施建筑设计标准》，解决了3层以上不能办养老机构的限制，取消了对20张床以下小微养老机构的消防建筑设计要求，将老年人照料设施最高放宽到34米，基本形成了既保障安全、又方便合理的消防审验和建设标准。2018年7月18日，李克强总理主持召开国务院常务会议，研究决定取消养老机构设立许可，在提请修法后实施。民政部已将修订《中华人民共和国老年人权益保障法》列入今年立法计划，确保党中央、国务院改革要求落到实处。

在加强护理人才队伍建设方面，2014年教育部等九部门联合印发了《关于加快推进养老服务业人才培养的意见》，提出建立学历教育和职业培训并重的养老服务人才培养体系，加强养老服务队伍建设。

非正式支持方面。家庭是非正式支持的重要主体。家庭照护是我国失能老年人最主要的照护选择。1993年国家卫生服务调查数据显示，97.7%的老年人生活照料有困难时求助的对象主要还是家庭（包括配偶、子女和亲友），其中农村这一比例为98.5%，比城市高2.5个百分点。其中，城市老人的主要照料者是配偶，而农村老人的主要照料者是子女。杨团的研究发现，城市失能老年人依靠家庭照料的比例为81.0%，农村比城市高13个百分点，为94.0%；农村只有3.1%的失能老年人接受居家上门服务，城市为10.7%；城市进入机构照料的失能老年人比例为8.0%，农村为2.7%。[①]

完善包括家庭、亲友及邻里在内的非正式社会支持体系，要重视家庭在失能老人照料中的作用，出台失能老年人家庭照料者的支持政策[②]，关注家庭照料者的个人发展，为失能老人照料者提供多方位的支持，如发放失能老年人照料者补贴，减轻照料提供者压力；鼓励和支持社会力量参与，加

① 杨团．农村失能老年人照料贫困问题的解决路径——以山西永济蒲韩乡村社区为例[J]．学习与实践，2016(4)：92－103.

② 李运华，刘亚南．城镇失能老人子女照料的影响因素分析——来自CLHLS 2014的经验证据[J]．调研世界，2019(1)：30－35.

强专业社会工作和护理团队的打造和培训，推进志愿者队伍建设，培育邻里互助志愿者组织，实现多主体、多元化的养老服务格局，满足老人多样化的需求，提高失能老人及家庭照护者的获得感。[①] 同时，也要挖掘失能老年人和家庭照护者自身的潜力，充分激活周围的资源，为其赋权增能。

4. 失能老年人家庭照护者研究

随着失能老年人规模的增长和问题的凸显，失能老年人群体受到社会大力关注，学者的研究也主要集中在失能老年人群体，失能老年人家庭照顾者群体长期以来受到社会的忽视，对于失能老年人家庭照顾者的关注和研究不够，没有形成系统的理论和研究。联合国关注到照护角色的社会化、照护负担加重和照护导致的经济和健康问题，在联合国千年发展目标中着重强调了全球非正式照护者的重要意义。[②]

关于失能老年人家庭照护者压力及生活质量研究。失能老年人亲属照护者在经济、社会交往、身心健康、工作和家庭关系等方面面临不同程度的压力，其中经济方面的压力普遍较大。[③] 研究发现，失能老年人家庭照顾者普遍存在轻度至中度负担。年轻老年人、重度失能老年人的家庭照顾者负担更重，均以较重的时间依赖性负担、发展受限性负担、身体性负担为特点，后者还体现为较重的情感性负担。[④] 长期繁重的照顾工作往往使家庭照顾者出现情绪抑郁、低落，社交紧张等问题。失能老人照顾者负担来自照顾者自身及失能老人两个方面。来自照护者自身的因素包括照护者自身年龄、性别、文化程度等，来自失能老人的因素包括失能老人的失能程

① 沙莎．失能老人照料成本与家庭风险研究[D]．南京农业大学，2017.

② Berg Judith A, Woods Nancy Fugate. Global women's health: a spotlight on caregiving [J]. Nurs Clin North Am, 2009, 44 (3): 375.

③ 李秋云．失能老人服务体系研究——基于照护者压力的视角[J]．当代经济，2017(10)：124 - 126.

④ 陈颖颖，张超南，覃芹丹，等．失能老年人的年龄及自理能力对家庭照顾者负担的影响[J]．护士进修杂志，2017，32(9)：775 - 778.

度、子女数、照护形式等。这些因素是影响家庭照护者压力的最根本因素。[①][②]

关于失能老人家庭照护者的需求研究。失能老人家庭照料者面临诸多压力和困境,因此对社会支持的需求程度比较强烈。尤其是我国城乡二元结构使照护体系的发展极不平衡。家庭所承担的照护功能在农村发挥的作用更大。农村照护服务的增长和需求之间的矛盾更加突出,特别是农村失能老人家庭照护的主要照护任务由家庭成员承担,长期沉重的照护给照护者的工作和生活带来很大的影响,对社会支持具有强烈愿望。[③] 学者研究认为,失能老人家庭照料者的需求主要包括经济支持需求、精神支持需求、服务支持需求和技能支持需求四大类[④],失能老人的子女数、患慢性病数量和亲属照护者的收入水平、就业状况、年龄、与老人关系均会影响亲属照护者对不同社会支持项目的需求程度。

关于老年人照护帮助的提供者,男女两性也表现出显著的差异。主要表现在:(1)照护帮助的提供者以女性为主。Cyril F. Chang 与 Shelley I 提出,由于照护传统上被认为是妇女的工作,对男性照护者缺乏关注就不足为奇。Christina Lee 认为,家庭照护属于女性是社会不平等的体现。[⑤] (2)照护服务的提供者寻求外界帮助的方式和途径存在性别差异。Eleanor Palo Stoller 对居住在二人家庭中的已婚老人照护资源的配置情况进行分析发现,比起妻子照护提供者,丈夫照护者更倾向于整合家庭以外的援助。[⑥] 妻

① 刘奥. 失能老人亲属照护者的社会支持研究[D]. 上海工程技术大学,2015.

② 李彦洁,路雪芹,王彬,等. 农村失能老年人照顾者生活质量及影响因素分析[J]. 全科护理,2017,15(1):1-3.

③ 熊吉峰. 农村失能老人家庭照护者对社会支持的需求研究[J]. 统计与信息论坛. 2014,29(2):107-112.

④ 姚璐璐. 上海市失能老人家庭照料者的社会支持研究[D]. 华东政法大学,2018.

⑤ Christina Lee. Health, Stress and coping among women caregivers[J]. J Health Psychol. 1999, 4(1):27-40.

⑥ Eleanor Palo Stoller. The impact of gender on configurations of care among married elderly couples[J]. Research on Aging. 1992, 14(3):313-330.

子在照护出现问题时往往采用寻找情感支持,丈夫照护者更多地使用专业照护服务。(3)照料帮助的提供者在身心健康方面存在性别差异。男性照护者主要是体弱、年老妇女的丈夫,而且男性照护者一般更健康,对生活更满意,在劳动力市场更加活跃。[①] Carolyn S. Wilken 等的研究结果显示,男性照护者有更好的认知能力。反过来,由配偶照顾的男性认知能力差。[②] Amanda Hess 的文章表明,女性比男性更可能从劳动力市场退出来照顾年迈的父母,贫困的风险也更大,因为她们没有足够的机会为未来储蓄。[③] 在日本,研究者发现,照护者抑郁程度与性别有关。女性照护男性配偶比男性照护女性配偶更容易抑郁。[④]

因此,探索建立农村失能老人家庭照护的性别分担机制,加强家庭照护者的政策支持,以及提高家庭发展能力的对策研究都是下一步的重点,健全农村失能老人的家庭照护制度,对满足老年人家庭照护的需求具有很强的指导意义。

5. 文献述评

通过文献回顾发现,以往研究存在以下特点:第一,农村视角的不足。当前我国农村人口老龄化的形势比城市更加突出,需要给予农村失能老人的长期照护问题更多的关注,目前多数学者的研究主要集中探讨的对象是城市失能老人,对农村失能老人家庭养老缺乏深入系统的研究。在国内,老龄化、城镇化、人口流动、家庭规模小型化和居住方式的分离等多重因

---

① Cyril F. Chang ,Shelley I. The men who care: An analysis of male primary caregivers who care for frail elderly at home[J]. Journal of Applied Gerontology. 1991,10 (3):343 - 358.

② Carolyn S. Wilken, Karen Altergott, Jonathan Sandberg. Spouses' self - perceptions as caregivers: The influence of feminine and masculine sex - role orientation on caring for confused and non - confused partners[J]. Am J Alzheimer Dis Other Demen. 1996,11(6): 37 - 42.

③ Amanda Hess. Women are more likely to care for aging parents and drop out of the workforce to do It[EB/OL]. http://www. slate. com/blogs/xx_factor/2013/11/21/elder_caregiving_women_are_more_likely_to_drop_out_of_work_to_care_for_aging. html. 2013 - 11 - 21.

④ Keiko Sugiura, Mikiko Ito, Masami Kutsumi, et al. Gender differences in spousal caregiving in Japan[J]. J Gerontol B Psychol Sci Soc Sci . 2009.

素，弱化了农村失能老人家庭的功能，使得建立在多子女条件下的传统家庭照护模式，难以满足农村失能老人的个人性（生活照料）、工具性（专业护理，如康复护理、临终关怀）与情感性（精神慰藉）的需求。因此，社区、养老机构、非政府组织以及政府构成了失能老人家庭以外的责任主体。但目前从家庭以外获得的支持非常有限，针对农村失能老人的照护服务基本处于空白状态。中国老龄科研中心2011年的调查报告显示，农村社区缺少社区照护服务，邻里互助更多是建立在交换基础上；超过四成以上的农村养老机构明确表示只接受自理老人；非营利组织参与养老服务的政策和制度不健全，举步维艰。尽管部分地区对失能老人照护模式进行了探索，但目前长期照护体系赖以发展的高投入的社保资金、发达的保险市场、专业的照护服务市场、成熟的社会组织在我国还不成熟，我国长期照料服务体系短期难以实现，难以完成对社区、养老机构以及非政府组织的有效整合。

第二，家庭视角不足。以往研究往往以失能老人或者失能老人的照护者为研究对象，很少有文献从家庭整体的角度出发，研究失能老人家庭的功能，研究失能老人家庭成员之间的互动和沟通及面临的困境，研究如何从家庭整体的角度给予失能老人家庭系统的支持，以促使家庭作为一个整体发挥出强大的功能。

本研究基于以往研究的不足，注重从家庭的视角来关注和讨论农村失能老人；从家庭政策的层面出发，研究如何支持农村失能老人家庭。

第 二 章

农村失能老年人失能现状的实证分析

本章主要对我国农村失能老年人的现状进行描述性分析。鉴于数据的限制,以及界定操作性上的困难,本研究并不将农村失能老年人家庭的规模作为分析对象,而是重点分析农村失能老年人家庭的需求以及面临的困境,并在政策构建研究中纳入了家庭的视角。

一、基于社会及人口学特征的农村失能老年人的失能情况

失能老年人的主体在农村。据 2010 年第六次全国人口普查数据统计显示,我国农村老人数量达到 9 000 多万人,近六成的老年人分布在农村。跟城镇相比较,农村是失能老年人的重灾区。2010 年“六普”数据显示,全国 60 岁及以上生活不能自理的老年人中城市占 35. 68% ,农村占 64. 32% ;农村 60 岁及以上老年人口中生活不能自理的比例占 3. 32% ,城镇 60 岁及以上老年人口中生活不能自理的比例占 2. 45% 。从各省份来看,农村 60

岁及以上老年人口中生活不能自理的比例北京最高(6.36%),其次是西藏(6.08%)(见图2-1)。尤其在中西部地区,农村不仅养老、医疗保险制度不够完善,面向失能老年人的社会服务很不够,主要依靠家庭和子女照护。人口的外流,使得农村传统的养儿防老陷入僵局,失能老年人养老危机重重。

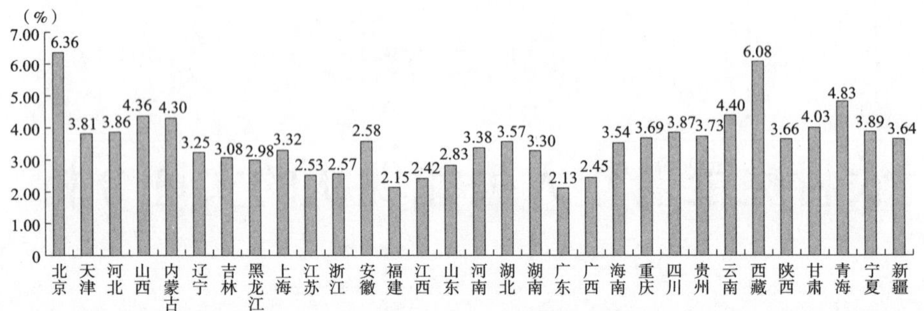

图2-1　各省份农村60岁及以上老年人口中生活不能自理的老年人占的比例

数据来源:国家统计局"六普"数据。

据中国老龄科学研究中心2000年和2006年的调查显示,全国范围完全失能的老年人2000年为799万,2006年为940万,增加了141万人;农村完全失能的老年人2000年为645万,2006年为746万。不管是2000年还是2006年,全国完全失能老年人的80%左右在农村。全国范围部分失能的老年人2000年为1 461万,2006年为1 894万,增加了433万。其中,农村部分失能的老年人由2000年的1 201万增加到2006年的1 524万,增加了323万。2010年中国老龄科学研究中心发布的《全国城乡失能老年人状况研究》报告指出,2010年末老年人口中有19.0%的老年人是部分失能和完全失能老年人,规模约为3 300万。老年人口中有6.23%的老年人是完全失能老年人。其中,城市和乡村完全失能老年人占老年人的比例,分别为5.0%和6.9%。农村高于城市1.9个百分点。

利用2015年中国健康与养老追踪调查数据进行分析,整体上看,农村地区老年人失能率高于城市,但随着失能程度的增加,城乡差异趋于消失。农村地区 60 岁及以上老年人中,轻度失能占 22.3%,高于城市 4.3 个百分点;中度失能占 2.5%,高于城市 0.4 个百分点;重度失能占 2.0%,与城市相同(见图 2-2)。这说明农村地区老年人轻中度失能率较高,健康素质低于城市水平。

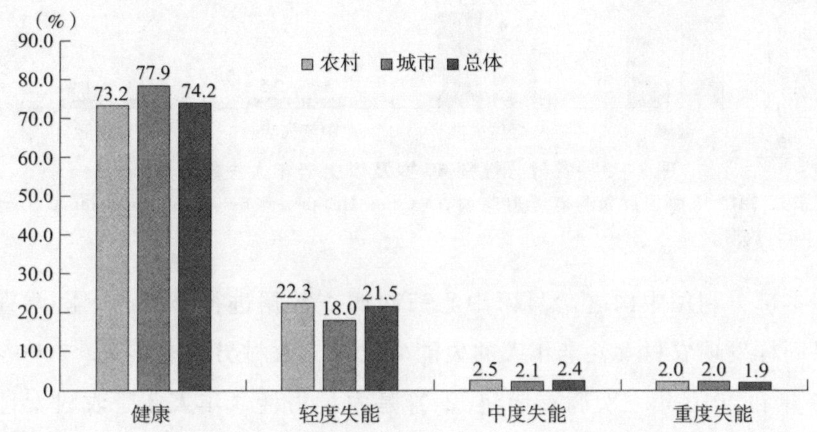

图 2-2　全国分城乡 60 岁及以上老年人失能程度

数据来源:2015 年中国健康与养老追踪调查(China Health and Retirement Longitudinal Survey, CHARLS)数据。

农村地区老年人失能率存在明显性别差异。利用 2015 年中国健康与养老追踪调查数据进行分析,整体上看,农村地区中,男性老年人健康比例明显高于女性,失能率低于女性 6.5 个百分点。其中,轻度失能比例低于女性 6.8 个百分点。男性老年人中度失能比例达到 2.6%,高于女性 0.1 个百分点,重度失能比例达到 2.1%,高出女性 0.2 个百分点(见图 2-3)。这说明农村地区老年人中,男性整体失能率低于女性,但中度失能率和重度失能率高于女性。

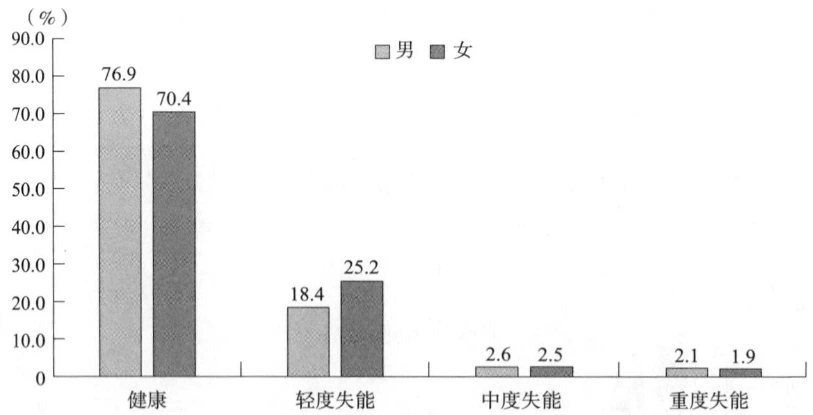

图 2－3　农村分性别 60 岁及以上老年人失能程度

数据来源:2015 年中国健康与养老追踪调查(China Health and Retirement Longitudinal Survey, CHARLS)数据。

本部分利用中国老龄科研中心三次调查数据进行分析。三次调查的结果同样发现农村女性老年人的失能率要高于农村男性老年人。2000 年、2006 年和 2010 年三次调查期间,不管是农村男性老年人还是农村女性老年人,失能率都呈现上升的趋势(见图 2－4)。

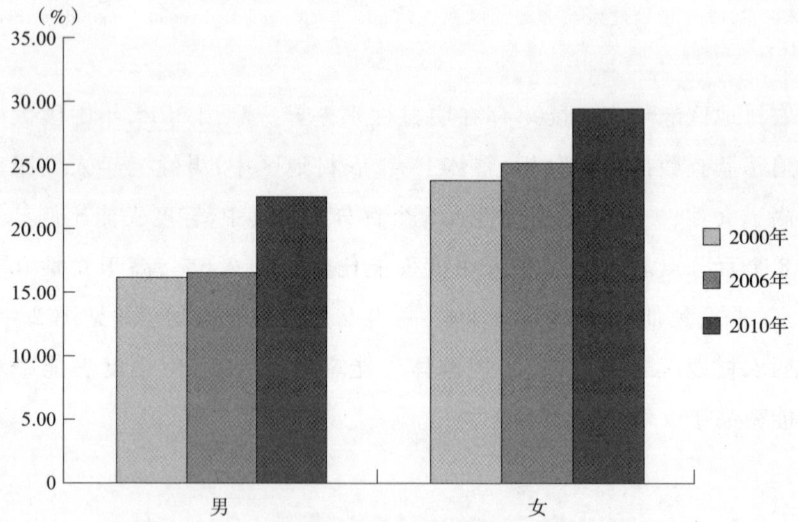

图 2－4　三次调查中农村分性别老年人的失能率

数据来源:中国老龄科研中心 2000 年、2006 年和 2010 年"中国城乡老年人口一次性抽样调查"数据。

以往学者在老年人ADL性别差异研究中也发现存在女性老年人的ADL残障状况高于男性老年人的情况[①][②]，虽然女性比男性的总平均预期寿命长，但80岁与85岁以后，男性老年人的生活自理期望寿命却比女性老年人长。[③] 有研究分析其原因认为，女性老年人更易患上非致命性但易致残的疾病，如骨折、骨关节炎、骨质疏松以及慢性背部疾病等[④]，而男性老年人通常容易患上一些威胁生命且严重影响ADL的慢性病，如冠心病、动脉硬化以及肺气肿等。[⑤] 庄绪荣等基于2011年第六次"中国老年健康影响因素跟踪调查"的数据分析发现，无论处于何种失能程度，女性失能老年人的人口数量都远远高于男性；轻度失能老年人中女性失能老年人占66.6%，比男性失能老年人高33.2个百分点；中度失能老年人中女性约占67.8%，比男性高35.6个百分点；重度失能老年人中女性占69.1%，比男性高38.2个百分点。[⑥]

年龄是影响农村老年人失能状况的重要因素。老年人的失能率受年龄的影响比较明显。随着年龄的日益增长，老年人慢性病高发、患病数量和种类逐渐增多，身体机能逐渐退化引起视觉、听觉等方面出现障碍，健康风险逐步增多，失能的概率大大提升。高龄老年人成为失能的高风险人群。研究发现，失能老年人规模会随着年龄的增长呈现向左倾斜的倒"V"

① Demura S, Sato S, Minami M, et al. Gender and age differences in basic ADL ability on the elderly: Comparison between the independent and the dependent elderly[J]. Journal of physiological anthropology and applied human science, 2003, 22(1): 19 - 27.

② 杜鹏，李强. 1994—2004年中国老年人的生活自理预期寿命及其变化[J]. 人口研究，2006(5): 9 - 16.

③ 曾毅，萧振禹，张纯元，等. 中国1998年健康长寿调查及高龄老人生活自理期望寿命[J]. 中国人口科学，2001(3): 9 - 16.

④ Verbrugge L M. Gender and health: An update on hypotheses and evidence[J]. Journal of health and social behavior, 1985(26): 156 - 182.

⑤ 尹德挺，陆杰华. 中国高龄老人日常生活自理能力的个体因素和区域因素分析——HLM模型在老年健康领域中的应用[J]. 人口研究，2007(2): 60 - 69.

⑥ 庄绪荣，张丽萍. 失能老人养老状况分析[J]. 人口学刊，2016(3): 47 - 57.

字分布,70～74岁年龄组的失能老人规模最大。① 利用2015年中国健康与养老追踪调查数据进行分析,整体上看,随着年龄的增长,老年人失能率不断上升。60～64岁老年人失能率为18.7%,65～69岁、70～74岁和75～79岁老年人失能率分别为25.5%、28.3%和35.4%,80岁及以上老年人失能率则高达44.0%。从失能程度来看,随着年龄的增长,中度和重度失能比例增长明显。在60～64岁失能老年人中,轻度失能占89.3%,中度失能占7.0%,重度失能占3.7%;而在65～69岁、70～74岁和75～79岁失能老年人中,轻度失能占比为85.5%、81.7%和81.6%,中度失能占比为6.7%、10.6%和10.8%,重度失能占比为7.8%、7.7%和7.6%。在80岁及以上高龄失能老年人中,轻度、中度和重度失能老年人分别达74.6%、14.3%和11.1%(见表2－1),有"高龄重失"的趋势。

表2－1 农村60岁及以上失能老年人分年龄组失能程度分布 (单位:%)

失能程度	60～64岁	65～69岁	70～74岁	75～79岁	80岁及以上
轻度失能	89.3	85.5	81.7	81.6	74.6
中度失能	7.0	6.7	10.6	10.8	14.3
重度失能	3.7	7.8	7.7	7.6	11.1
总计	100.0	100.0	100.0	100.0	100.0

数据来源:2015年中国健康与养老追踪调查(China Health and Retirement Longitudinal Survey, CHARLS)数据。

1998年国家卫生服务调查结果显示(见表2－2),65岁及以上老年人口的失能率基本上是全部人口平均失能率的6倍。不管是城市还是农村,65岁及以上年龄组的老年人的失能率远远高于全部人口的平均失能率。

① 潘金洪,帅友良,孙唐水,等. 中国老年人口失能率及失能规模分析——基于第六次全国人口普查数据[J]. 南京人口管理干部学院学报,2012,28(4):3－6＋32.

表 2-2　1998 年国家卫生服务调查分年龄组失能率　（单位:%）

年龄组	城乡合计	城市	农村
0~4 岁	0.86	0.65	0.91
5~14 岁	0.46	0.53	0.45
15~24 岁	0.60	0.73	0.56
25~34 岁	1.03	0.79	1.11
35~44 岁	1.75	1.24	1.97
45~54 岁	3.45	3.01	3.62
55~64 岁	8.21	6.81	8.97
65 岁+	19.55	19.83	19.37
合计	3.38	4.20	3.11

数据来源:1998 年第二次国家卫生服务调查分析报告。

本研究利用中国老龄科研中心三次调查数据进行分析的结果表明,随着年龄的增长,失能率在上升。80 岁及以上的农村老年人的失能率在三次调查中在 56% ~59% ,且三次调查期间除了 75~79 岁年龄组在 2006 年调查中失能率稍有下降外,其他年龄组在三次调查期间的失能率都呈上升趋势(见图 2-5)。

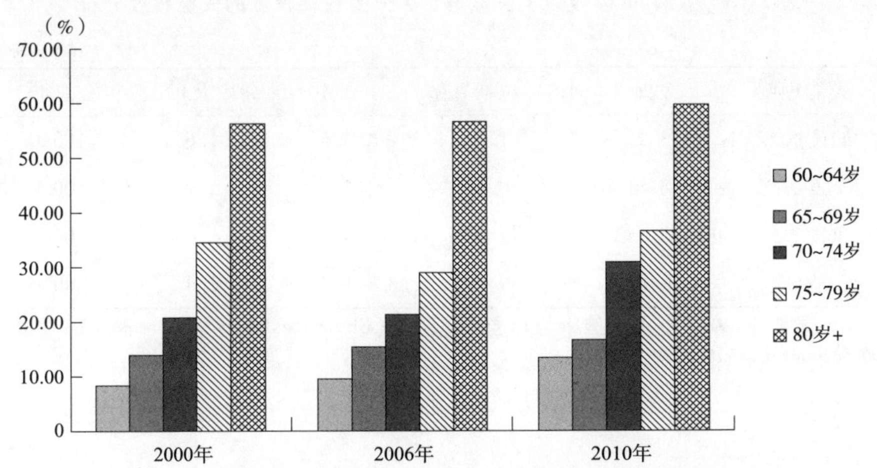

图 2-5　三次调查中分年龄组农村老年人失能率

数据来源:中国老龄科研中心 2000 年、2006 年和 2010 年“中国城乡老年人口一次性抽样调查”数据。

随着教育程度的提升,老年人失能率不断下降。教育程度对老年人日常生活自理能力也会产生影响。教育程度能够对失能产生直接或者间接的影响,如教育程度高可能会有更多机会获得更高的收入,提高生活水平,更有可能获取健康知识,从而采取更健康的生活方式,更有可能拥有更多的保障和资源来避免和应对失能的发生等。①

本研究利用2015年中国健康与养老追踪调查数据进行分析发现,文盲老年人的失能率为31%;小学和初中老年人失能率分别为25.5%、19.4%;高中及以上老年人失能率则为26.5%。从不同失能程度上来看,各级文化程度失能老年人比例随着受教育程度的提高而降低。在轻度失能老年人中,文盲达53.2%,小学、初中和高中及以上分别为41.7%、3.5%和1.6%;在中度失能老年人中,文盲达58.8%,小学、初中和高中及以上分别为20.6%、14.7%和5.9%;在重度失能老年人中,文盲达45.5%,小学、初中和高中及以上分别为42.4%、6.1%和6.0%。整体上来看,农村失能老年人中文盲达53.0%,小学、初中和高中及以上分别为39.9%、4.7%和2.4%(见表2-3)。

表2-3 农村60岁及以上失能老年人分受教育程度的失能程度分布

(单位:%)

失能程度	文盲	小学(包括私塾)	初中	高中及以上	总计
轻度失能	53.2	41.7	3.5	1.6	100.0
中度失能	58.8	20.6	14.7	5.9	100.0
重度失能	45.5	42.4	6.1	6.0	100.0
总计	53.0	39.9	4.7	2.4	100.0

数据来源:2015年中国健康与养老追踪调查(China Health and Retirement Longitudinal Survey, CHARLS)数据。

① 王树新,曾宪新. 中国高龄老人自理能力的性别差异[J]. 中国人口科学,2001(S1):50-54.

本研究利用中国老龄科研中心三次调查数据进行分析,结果发现,2010 年调查中基本呈现随着受教育程度提高,农村老年人的失能率降低的趋势;2006 年的调查中,除初中教育程度外,其他教育程度基本也呈现随着受教育程度提高,农村老年人的失能率降低的趋势;2000 年调查中除初中和大专以上教育程度外,其他教育程度基本也呈现随着受教育程度提高,农村老年人的失能率降低的趋势。但总体来看,没有上过学的农村老年人的失能率在三次调查中都是最高的(见图 2－6)。

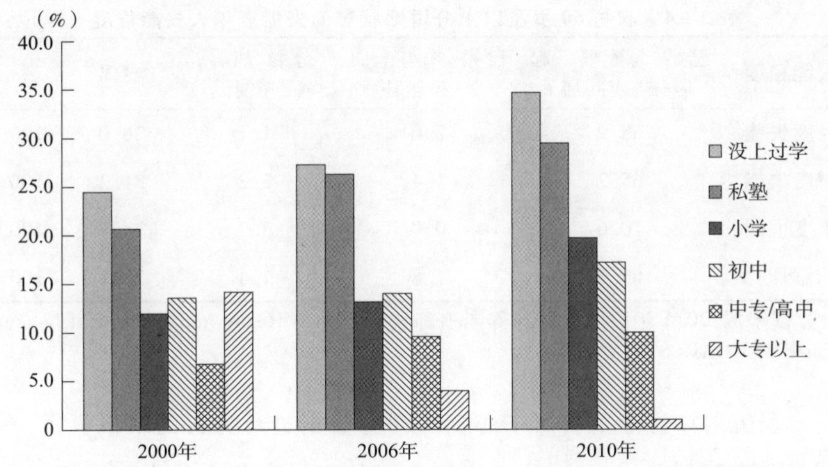

图 2－6　三次调查中农村失能老年人分受教育程度的失能率

数据来源:中国老龄科研中心 2000 年、2006 年和 2010 年“中国城乡老年人口一次性抽样调查”数据。

丧偶的农村老年人失能率最高。以往研究发现,婚姻状态分别是“从未结过婚”“已婚与老伴住在一起”“已婚但不与老伴住一起”“离婚和丧偶”的老年人的失能率渐次增高,说明婚姻或者配偶的陪伴对老年人的生活自理能力具有重要的保障作用。①

---

① 王树新,曾宪新. 中国高龄老人自理能力的性别差异[J]. 中国人口科学,2001(S1):50－54.

本研究利用2015年中国健康与养老追踪调查数据进行分析发现,整体上看,“丧偶”的老年人失能率最高,达32.7%;其次是“已婚,与配偶一起居住”,为25.5%;“分居、离异、单身”和“已婚,未与配偶一起居住”分别为22.3%和16.9%。从不同失能程度来看,农村失能老年人婚姻状态以“已婚,与配偶一起居住”和“丧偶”为主。轻度、中度和重度失能老年人中“已婚,与配偶一起居住”和“丧偶”的比例分别达到96.9%、96.4%和95.4%(见表2-4)。

表2-4 农村60岁及以上分婚姻状态的失能老年人失能程度 (单位:%)

失能程度	已婚,与配偶一起居住(或同居)	已婚,未与配偶一起居住	分居、离异、单身	丧偶	总计
轻度失能	68.9	2.0	1.1	28.0	100.0
中度失能	65.2	1.4	2.2	31.2	100.0
重度失能	70.6	0.9	3.7	24.8	100.0
总计	68.7	1.8	1.4	28.1	100.0

数据来源:2015年中国健康与养老追踪调查(China Health and Retirement Longitudinal Survey, CHARLS)数据。

本研究对中国老龄科研中心三次调查数据进行分析的结果显示,有配偶同住和有配偶分居相比较,有配偶分居的农村老年人的失能率高于有配偶同住。这有可能是因为没有跟配偶在一起居住,导致夫妻之间的照料缺失,提高了失能率,也有可能是因为失能,出于便于子女照料或者采取机构照料等形式,导致居住安排发生变化。

三次调查都发现,丧偶农村老年人和有配偶农村老年人相比,丧偶农村老年人的失能率高于有配偶农村老年人(见图2-7)。

农村失能老年人以居家养老为主。2015年中国健康与养老追踪调查(CHARLS)数据分析发现,农村失能老年人在养老院等其他养老机构占比均低于3.0%。整体上看,失能老年人中居住在家庭住宅的比例为98.5%,居住在养老院、医院或其他养老机构的比例仅为1.5%。从不同失能程度

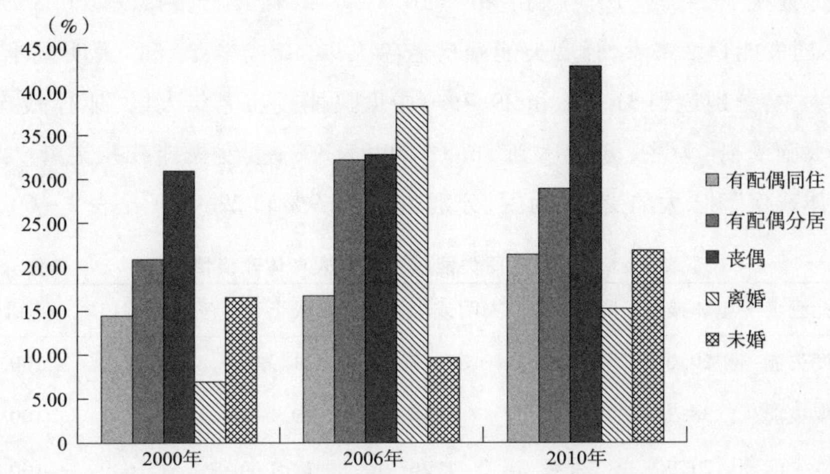

图 2-7　三次调查中分婚姻状况农村老年人失能率

数据来源：中国老龄科研中心 2000 年、2006 年和 2010 年"中国城乡老年人口一次性抽样调查"数据。

来看，轻度、中度和重度失能老年人居住在养老院、医院或其他养老机构的比例分别只有 1.4%、2.9% 和 0.9%（见表 2-5）。这充分体现了我国浓厚的"叶落归根"的家庭文化。

表 2-5　农村 60 岁及以上失能老年人分居住类型失能程度的分布

（单位：%）

失能程度	家庭住宅	养老院、医院或其他养老机构	总计
轻度失能	98.6	1.4	100.0
中度失能	97.1	2.9	100.0
重度失能	99.1	0.9	100.0
总计	98.5	1.5	100.0

数据来源：2015 年中国健康与养老追踪调查（China Health and Retirement Longitudinal Survey, CHARLS）数据。

农村老年人的失能和残疾往往共存。2015 年中国健康与养老追踪调查（CHARLS）数据分析发现，从整体来看，农村失能残疾老年人中，"聋或半聋"和"失明或半失明"占主要部分，分别达到 26.9%、25.6%。其次是

"躯体残疾"(24.3%)、"大脑受损"(16.4%)和"哑或严重口吃"(6.8%)。从不同失能程度来看,轻度失能残疾老年人以"聋或半聋"和"失明或半失明"为主,分别达到31.9%和29.7%;中度失能残疾老年人以"躯体残疾"和"大脑受损"为主,分别达到38.3%和21.3%;重度失能残疾老年人以"躯体残疾"和"大脑受损"为主,分别达到29.9%和22.4%(见表2-6)。

表2-6　农村不同失能程度老年人身体残疾情况　(单位:%)

失能程度	躯体残疾	大脑受损	失明或半失明	聋或半聋	哑或严重口吃	总计
轻度失能	20.0	13.9	29.7	31.9	4.5	100.0
中度失能	38.3	21.3	12.8	19.1	8.5	100.0
重度失能	29.9	22.4	19.6	13.1	15.0	100.0
总计	24.3	16.4	25.6	26.9	6.8	100.0

数据来源:2015年中国健康与养老追踪调查(China Health and Retirement Longitudinal Survey, CHARLS)数据。

二、农村老年人的失能率呈上升趋势

本研究采用WHO推荐的日常生活活动能力量表(ADL)和工具性日常生活活动能力量表(IADL),依据中国老龄科研中心三次"城乡老年人生活状况抽样调查"的数据,对农村失能老年人的情况进行了分析。

表2-7　三次调查中60岁及以上农村老年人的失能率　(单位:%)

年份	ADL指标	IADL指标	ADL&IADL指标
2000年	20.1	46.5	47.8
2006年	20.9	68.4	70.5
2010年	26.1	63.3	64.9

注:为了对农村老年人的失能情况进行全面了解,本研究分别以ADL、IADL以及ADL&IADL为标准,其中任何一项完不成定为失能。

数据来源:中国老龄科研中心2000年、2006年和2010年"中国城乡老年人口一次性抽样调查"数据。

2000 年,以 ADL 和 IADL 为衡量的标准,任何一项完不成定为失能,则结果为农村老年人中 47.8% 的老年人失能。以 ADL 为衡量的标准,任何一项完不成定为失能,则结果为农村老年人中 20.1% 的老年人失能。以 IADL 为衡量的标准,任何一项完不成定为失能,则结果为农村老年人中 46.5% 的老年人失能。

2006 年,以 ADL 和 IADL 为衡量的标准,任何一项完不成定为失能,则结果为农村老年人中 70.5% 的老年人失能。以 ADL 为衡量的标准,任何一项完不成定为失能,则结果为农村老年人中 20.9% 的老年人失能。以 IADL 为衡量的标准,任何一项完不成定为失能,则结果为农村老年人中 68.4% 的老年人失能。

2010 年,以 ADL 和 IADL 为衡量的标准,任何一项完不成定为失能,则结果为农村老年人中 64.9% 的老年人失能。以 ADL 为衡量的标准,任何一项完不成定为失能,则结果为农村老年人中 26.1% 的老年人失能。以 IADL 为衡量的标准,任何一项完不成定为失能,则结果为农村老年人中 63.3% 的老年人失能。

以 ADL 指标为失能的衡量标准,发现 2000 年、2006 年和 2010 年三次调查期间,农村 60 岁及以上老年人的失能率呈上升趋势,10 年间上升了 6 个百分点。

失能率的上升,影响了老年人的生活质量,进而影响老年人的生活满意度。利用 2015 年中国健康与养老追踪调查进行分析发现,从整体上看,农村失能老年人对健康、婚姻、子女关系和总体生活满意度远低于健康老年人。失能老年人中,对健康、婚姻、子女关系和总体生活不满意的老年人分别达到 45.4%、13.8%、7.8% 和 14.3%,远高于健康老年人的 26.4%、10.1%、4.4% 和 8.0%。从不同失能程度来看,随着失能程度的增加,失能老年人对健康、婚姻、子女关系和总体生活的满意度基本上呈降低趋势。例如,轻度失能老年人中对总体生活不满意的比例为 13.3%,而中度和重

度失能老年人中对总体生活不满意的比例则分别为18.5%和28.6%（见表2－8）。

表2－8　农村不同程度失能老人对生活满意度情况　（单位：%）

失能程度	健康		婚姻		子女关系		总体生活	
	满意	不满意	满意	不满意	满意	不满意	满意	不满意
轻度失能	56.8	43.2	86.0	14.0	92.3	7.7	86.7	13.3
中度失能	36.9	63.1	88.0	12.0	93.4	6.6	81.5	18.5
重度失能	39.6	60.4	85.0	15.0	88.0	12.0	71.4	28.6
总计	54.6	45.4	86.2	13.8	92.2	7.8	85.7	14.3

数据来源：2015年中国健康与养老追踪调查（China Health and Retirement Longitudinal Survey，CHARLS）数据。

第三章

农村失能老年人家庭的现实需求及困境

农村失能老年人家庭是“农村”“失能”“老年人”这几个群体的交集，除了兼备这几个群体的多重需求之外，作为一个家庭来讲，还兼备了照料者和被照料者的双重需求。因此，农村失能老年人家庭的需求具有丰富性、迫切性和复杂性。农村老年人的供养来源主要来自以种植和养殖为基础的自我供养、以晚辈支撑为基础的后代供养和以福利支持为基础的社会供养。随着城市化的推进以及老年人自身失能状况的变化，这三种供养方式都面临挑战，给农村失能老年人家庭带来一系列困境。“农村”“失能”和“老年人”三个标签，意味着农村失能老年人所在的家庭面临的困难将比普通老人所在家庭更加严峻。

第一节 农村失能老年人家庭的照料需求及困境

农村失能老年人长期照护服务体系的建设必须建立在对农村失能老年人及家庭照护需求进行评估和细化研究基础之上。本部分对农村失能老年人的照护需求状况进行了分析,并对我国农村失能老年人在照料方面面临的突出困境进行了探讨。

一、照料需求状况

农村失能老年人的照料需求在增长。依据中国老龄科研中心历次“中国城乡老年人口一次性抽样调查”的数据进行计算,发现2000年、2006年和2010年调查中农村失能老年人中有照料需求的比例在不断上升(见表3-1)。

表3-1 农村失能老年人中有照料需求的比例(%)

年份	比例
2000年	25.2
2006年	37.1
2010年	42.0

数据来源:中国老龄科研中心2000年、2006年和2010年“中国城乡老年人口一次性抽样调查”数据。

分析发现,有照料需求的农村失能老年人中,有照料需求的女性失能老年人的比例要多于男性。这跟老年期女性老年人口占比较高有一定关系,但三次调查期间,有照料需求的男性失能老年人的比例在上升。三次调查都显示,所有年龄组中,80岁及以上年龄组的有照料需求的农村失能老年人占比最多。

2000年男性失能老年人中有照料需求的是25.8%,女性失能老年人中有照料需求的是24.8%;2006年男性失能老年人中有照料需求的是40.6%,女性失能老年人中有照料需求的是34.9%;2010年男性失能老年人中有照料需求的是44.1%,女性失能老年人中有照料需求的是40.5%。可见,男性老年人一旦失能后,有照料需求的比例要比女性大。国外有研究发现,照护帮助的接受者男性多于女性。有研究发现,老年残疾女性接受的家庭照护少于男性，居住在社区的老年残疾女性比男性接受到的照护时间少三分之一以上。许多老年残疾女性还承担照护男性配偶的角色。[①]国外关于老年人照护的性别差异发现，在家庭照护方面，无论是接受照护还是提供照护，男性和女性都表现出较大的差异，主要表现在男性接受配偶照顾较多；提供照顾的男性，一般更健康，认知能力好，且不易抑郁。男性和女性对照护帮助的反应模式存在差别。Neena L. Chappell 研究发现，男性更容易接受来自配偶的协助，而女性更容易接受来自非配偶的他人的帮助，但这种性别差异明显存在于不是很严重的疾病的情况下。在面对重大健康威胁的时候，男女的社会预期差别消失。[②] 研究发现，年龄大的女性老年人更依赖于机构照护而非家庭照护。因为高龄老年女性丧偶的可能性大，她们从男性配偶处获得照护帮助的机会减少，同时也因为她们大多处于物质资源的劣势，即女性在婚姻中的经济地位低。[③]

2000 年失能老年人中，60 ~ 64 岁有照料需求的占 19.7%，65 ~ 69 岁有照料需求的占 16.2%，70 ~ 74 岁有照料需求的占 22.7%，75 ~ 79 岁有照料需求的占 24.4%，80 岁及以上有照料需求的占 36.4%。2006 年失能老年人中，60 ~ 64 岁有照料需求的占 27.5%，65 ~ 69 岁有照料需求的占 36.4%，70 ~ 74 岁有照料需求的占 34%，75 ~ 79 岁有照料需求的占 36.7%，80 岁及以上有照料需求的占 44.5%。2010 年失能老年人中，60 ~ 64 岁有照料需求的占 34.1%，65 ~ 69 岁有照料需求的占 31.7%，70 ~ 74 岁有照料需求的占 37.4%，75 ~ 79 岁有照料需求的占 41.6%，80 岁及以上有照料需求的占 56.6%。三次调查都显示，在所有农村失能的老年人

① Steven J. Kates M. D. Disabled elderly women receive less home care than men[J]. Media Advisory. 2000, 12(19).

② Neena L. Chappell. Health and helping among the elderly: Gender Differences[J]. Aging Health February. 1989, 1(1): 102 – 120.

③ Christina Lee. Health, Stress and coping among women caregivers[J]. J Health Psychol. 1999, 4(1): 27 – 40.

中,80 岁及以上年龄组的失能老年人有照料需求的比例比其他年龄组要高,而且三次调查期间 80 岁及以上年龄组的失能老年人中有照料需求的比例在上升。除 65 ~ 69 岁年龄组外,其他所有年龄中失能老年人中有照料需求的比例都在上升。可见,失能老年人的照料需求在大多数年龄组中都在不断扩大(见表 3 - 2)。

表 3 - 2　有照料需求的农村失能老年人的性别、年龄特征　(单位:%)

特征		2000 年	2006 年	2010 年
性别	男性	40.3	42.6	44.7
	女性	59.7	57.4	55.3
年龄	60 ~ 64	9.9	10.1	13.6
	65 ~ 69	11.5	18.1	11.3
	70 ~ 74	18.6	19	19.5
	75 ~ 79	21.4	18.0	18.6
	80 岁及以上	38.6	34.7	37

数据来源:中国老龄科研中心 2000 年、2006 年和 2010 年“中国城乡老年人口一次性抽样调查”数据。

二、照料困境——照料贫困

“照料贫困”(care poverty),最早是由芬兰的泰普·克罗格(Teppo Kroger)通过观察分析欧洲国家单亲妈妈在儿童日常照料中的难题提出的,是指因照料服务的资源不能满足照料需求所陷入的各种窘境。照料贫困的实质是时间、资金、技能、人力等照料资本的不足。照料贫困是在收入贫困之外的服务的贫困,可用诺贝尔经济学奖获得者阿马蒂亚·森的可行能力贫困理论来解释为,由于失能老年人处于失能状态,导致很多老年人失去了做自己想做的事情、过自己想过的生活的能力,陷入可行能力贫困。

“养儿防老”和“孝”文化在农村有着深厚的历史文化渊源和基础。中国传统的孝文化使得老年人在家庭中养老成为一种潜在共识。在过去的很长一段历史时期内，家庭养老一直是农村地区解决养老问题的最主要方式。孝道观念作为儒家文化的核心内容之一，长久以来支撑着小农经济背景下的农村地区家庭、伦理及社会秩序的建立与更替，也支撑着家庭养老方式的不断传递。吉登斯说："家庭是传统和现代性之间斗争的场所。"[①]在我国不断现代化的过程中，随着经济社会转型，家庭不断受到现代化的冲击并发生诸多变迁，家庭功能尤其是养老功能经历了逐渐弱化的过程，农村老年人养老缺乏内在驱动力和外在监督，农村孝道文化式微。改革开放和计划生育政策的推行，使家庭的伦理轴心由纵向的尊老爱幼，以孝敬老人为主的传统伦理模式，转变为横向的重视夫妻关系，以孩子为主的现代伦理模式。[②] 传统的农村"养儿防老"、农村互助养老受到冲击，无法解决和满足农村养老的需求。而受观念以及成本等影响，农村老年人对市场提供的养老接受度不高，市场化的养老方式很难及时补台，新的、可替代的养老方式仍在探索之中，农村出现"养老断层"。中国健康与养老追踪调查(CHARLS)数据分析发现，2011—2013 年，我国欠发达地区农村失能老年人无人照料的比例从 15.0% 上升到 20.5%，增加了 5.5 个百分点。[③]

伴随着老龄社会的到来，高龄和失能老年人口快速增长。与此同时，随着城市化进程的加快，青壮年人口尤其是大量女性外出务工，承担起家庭的经济责任。家庭养老的合作群体理论(Altruism Corporate Group Theory)认为，家庭及其成员是一个经济利益共同体，家庭成员之间会寻求一种成本最小、个人利益最大化的分工模式，达到资源配置的帕累托最优。因此，在养老资源的分配上，往往由经济实力较强的家庭成员提供经济支持，

---

① 郑曦原，李方惠．通向未来之路：与吉登斯对话[M]．成都：四川人民出版社，2002.

② 张羽，陈友华．低生育率及其影响因素研究[C]．生育意愿、生育行为、生育水平会议论文集，2011.

③ 刘妮娜．欠发达地区农村互助型社会养老服务的发展[J]．人口与经济，2017(1)：54－62.

由其他成员提供生活照料支持，以使整个家庭福利达到效用最大化。①《2015 中国家庭发展报告》显示，我国流动家庭接近 1/5，农村留守老人数量接近 5 000 万。虽然，目前我国尤其是大城市正不断进行产业升级，但产业升级发展并不意味着大城市就会需要更少的低技能劳动力。在人口就业结构上，随着产业不断升级，传统服务业从业人员占比并不会降低。日本东京都 1982—2012 年近 30 年间，尽管产业不断升级，但批发零售和住宿餐饮业的从业人员比例，始终保持在就业人员总数的 32% 左右。美国就业数据也显示，一个普通制造业岗位平均带动 1.6 个服务业岗位，而一个高科技行业岗位平均带动 5 个服务业岗位。其中，2 个高端的，例如律师、医生，另外 3 个是传统服务业。美国纽约、旧金山等大城市相比其他小城市，实际上也同时具有更高比例的高、低技能劳动力，而中等技能劳动力比例偏低。这充分说明，随着产业升级，对低技能劳动力的需求仍然会随之提高，农村年轻劳动力仍然会不断地流出。子女的大量外出，加剧了农村的“空心化”，造成新生家庭与原生家庭的过度剥离，老人与子女之间的“代际分居”现象急速成为常态。家庭内部赡养者缺失，尤其是子女，作为除老年人配偶之外的主要家庭照料者，在照护失能老年父母上更是困难重重，尤其是独生子女家庭，没有兄弟姐妹往往意味着没有可替换的照料资源，因此很难满足家庭养老的生活照料需求。②

失能老年人与家庭其他成员的居住安排上的空间分离，对失能老年人的照护赡养带来巨大的负面影响，一些子代在父母的照料方面有心无力，这些矛盾给照顾者、失能老年人带来困境，还会直接或者间接地造成一系列的社会、政治、健康等问题。子代对老年父母的日常照料日渐减少，以子女为主的家庭养老不断弱化，使得乡村传统的后代供养变得越来越困难，

---

① Becker G S. A Theory of social interactions. Journal of Political Economy, 1974, Vol. 82. No. 6.

② 闫萍. 家庭照料视角下家庭生育决策影响因素研究[J]. 北京行政学院报，2016(3)：109 - 116.

传统家庭养老模式难以为继，很多农村老年人的养老只能靠自己自我养老。

在农村，尽管农村失能老年人的照料需求上升，但不管是来自家庭的非正式照料还是来自政府和社会的正式照料，都面临着资源不足的现状，影响了失能老人有效需求的形成。

农村除了面临家庭照料的贫困之外，机构和社区照料也不容乐观。2015 年中国健康与养老追踪调查数据分析发现，农村失能老年人以配偶和子女等近亲属照顾为主，社区和居家照料远远不足。整体上看，农村失能老年人中，配偶作为主要照料人的占比达 49.1%，子女和孙子/孙女等近亲属作为照料人的占比达 44.3%，兄弟姐妹等亲属和其他（志愿者、社区、保姆等）作为主要照料人的占比分别为 2.8% 和 3.8%。从不同失能程度来看，轻度、中度和重度失能老年人中，配偶和子女等近亲属作为主要照料人的比例分别达 93.9%、92.7% 和 91.5%（见表 3－3）。这充分说明，婚姻和血缘维系的家庭是失能老年人的主要依靠。

表 3－3　农村不同失能程度老年人主要照料人情况　　（单位：%）

失能程度	配偶	子女和孙子/孙女等	兄弟姐妹等亲属	其他（志愿者、社区、保姆等）	总计
轻度失能	49.0	44.9	2.2	3.9	100.0
中度失能	48.2	44.5	5.5	1.8	100.0
重度失能	51.2	40.3	3.1	5.4	100.0
总计	49.1	44.3	2.8	3.8	100.0

数据来源：2015 年中国健康与养老追踪调查（China Health and Retirement Longitudinal Survey，CHARLS）数据。

因此，农村家庭在社会变迁中，伴随着家庭结构空间分离，逐渐丧失照料老年人的能力。同时，由于大部分农村公共服务体系建设滞后，市场化服务也难以企及，加上由于成本以及观念的影响，农村老年人对市场化养老方式接受度较差，农民养老所需要的日常生活、健康护理、照料服务大部分只能依靠家庭。但是，随着农村人口高龄化的加剧和农村失能老年人规模的增多,农村依靠家庭和自我进行养老模式将越来越受到挑战。一旦老年人长期失能,不能照料自己时,失能者及其家庭将被迫改变他们的生活方式,老年人家庭就容易陷入困境。对于子女来说,照护失能父母会使自己很难有充足的时间、精力投入到其他方面的工作,处理不好就会影响子女的生活水平及质量。对于失能老年人来说,因为子女照料自己而给子女带来一系列负担,增加了老年人的心理压力。照料者陷入"能力贫困",致使失能老年人陷入"照料贫困"。

但是,家庭中照料贫困的发生存在一定的周期性和阶段性,要放到家庭生命周期中来看失能老年人的照料问题。以子代的家庭生命周期为划分标准,在家庭生命周期的早期阶段,即子代结婚,家庭形成阶段,家庭中的家庭照料的流向主要是父代流向子代。当子代处于家庭生命周期的中期阶段,即子代开始生育孩子,家庭处于扩展阶段,家庭中的家庭照料的流向主要是父代流向孙代,子代流向孙代,甚至会出现子代照料父代。在家庭生命周期的晚期,即孙代开始离开家庭,家庭处于收缩期,家庭中的家庭照料的流向主要是子代流向父代,甚至是孙代流向父代(见图 3－1)。因此,家庭照料贫困的发生,更多是发生在家庭生命周期的晚期阶段。[①]

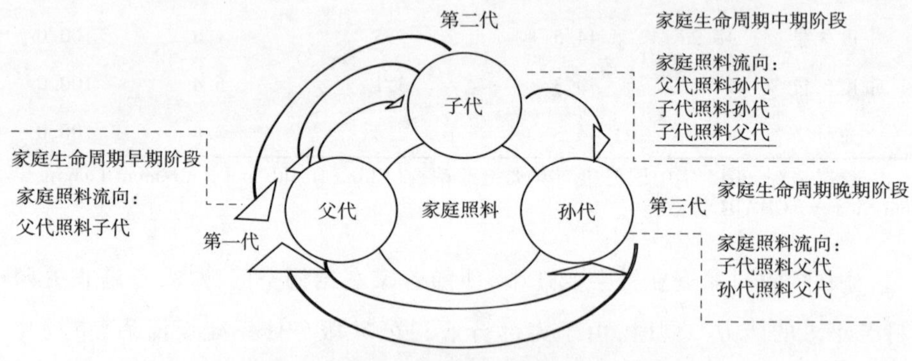

图 3－1　家庭生命周期及家庭照料流向图

① 闫萍. 家庭照料视角下家庭生育决策影响因素研究[J]. 北京行政学院学报,2016(3):109－116.

第二节　农村失能老年人家庭的经济需求及困境

伴随着失能的发生,失能老年人在照料赡养、疾病治疗、康复护理等方面的经济负担逐步增长,给家庭和社会带来了压力和负担。本部分分析了农村失能老年人家庭面临的经济需求状况,并对其经济困境如养老功利化、致贫化等困境进行了分析。

一、经济需求状况

失能老年人家庭面临的经济需求不仅来自老年人本人,还来自其家庭成员及主要照料者。

根据中国老龄科研中心 2000 年、2006 年、2010 年"中国城乡老年人口一次性抽样调查"追踪数据进行分析,2000 年的调查结果显示,农村失能老年人中自己觉得经济上没有保障的老年人的比例为 53.1%,而非失能老年人中觉得自己经济上没有保障的老年人的比例为 43.7%,比失能老年人的比例低 9.4 个百分点;2006 年的调查结果显示,农村失能老年人中自己觉得经济上没有保障的老年人的比例为 62.1%,而非失能老年人中觉得自己经济上没有保障的老年人的比例为 45.3%,比失能老年人的比例低 16.8 个百分点;2010 年的调查结果显示,农村失能老年人中自己觉得经济上没有保障的老年人的比例为 63.1%,而非失能老年人中觉得自己经济上没有保障的老年人的比例为 53.2%,比失能老年人的比例低 9.9 个百分点。失能老年人中自己觉得经济上没有保障的比例在三次调查中呈逐渐上升的趋势。因此,失能老年人的主观感知的经济困境比非失能老年人要严重,而且近些年失能老年人主观感知的经济困境越来越严重。

表 3－4　农村老年人觉得自己目前经济上是否有保障　（单位：%）

失能状态	2000 年		2006 年		2010 年	
	有保障	没有保障	有保障	没有保障	有保障	没有保障
非失能	56.3	43.7	54.7	45.3	46.8	53.2
失能	46.9	53.1	37.9	62.1	36.9	63.1

数据来源：中国老龄科研中心 2000 年、2006 年和 2010 年"中国城乡老年人口一次性抽样调查"数据。

利用 2015 年中国健康与养老追踪调查（China Health and Retirement Longitudinal Survey，CHARLS）数据对农村失能老年人的看病自付比例进行分析，整体来看，农村失能老年人中，有 72.3% 看病自付费用比例为 100%，17.4% 看病自付费用比例在 50%～100%，仅有 10.3% 看病自付费用比例低于 50%。从不同失能程度来看，轻、中、重度失能老年人中，看病自付费用比例为 100% 的分别达 72.8%、68.8% 和 70.0%，低于 50% 的分别为 11.4%、6.2% 和 0.0%，在 50%～100% 的分别为 15.8%、25.0% 和 30.0%（见表 3－5）。可见，农村失能老年人看病的经济负担依然很重。

表 3－5　农村不同程度失能老年人看病自付费用比例情况　（单位：%）

失能程度	低于 50%	50%～100%（不包含 100%）	100%	总计
轻度失能	11.4	15.8	72.8	100.0
中度失能	6.2	25.0	68.8	100.0
重度失能	0.0	30.0	70.0	100.0
总计	10.3	17.4	72.3	100.0

数据来源：2015 年中国健康与养老追踪调查（China Health and Retirement Longitudinal Survey，CHARLS）数据。

除了农村失能老年人面临经济负担之外，家庭照料者也会面临直接或者间接的经济负担。直接费用包括照料者因照料老人而承担的生活费、交通费、医疗费等。间接费用包括部分照护者因为照料失能老人无法从事有酬劳动，或者经常请假、旷工等造成的收入损失或机会成本。

二、经济困境——养老功利化及致贫化

“功利养老主义”在农村已经是不可忽略的社会事实。以抚育反哺为基本框架的传统双向循环养老模式正在悄然发生改变。“功利养老主义”在实践中主要体现为:一是家庭利益核心化,何种养老方式更适合核心小家庭的利益成为子代衡量决策的重心;二是有条件/有偿养老,尚存资源或能力的老人更易于获得被赡养的可能。[①] 中国农村老年人尤其是失能老年人晚年继续积累财富的可能性大大降低,而且基于农村传统的习俗,老年人的财富和资源大多投资于子女的成家立业。因此,农村老年人晚年失能后不但维持自我生存面临经济压力,而且无法再继续与子女进行代际资源交换;另外,随着子代从事非农活动的增多,子代与从事农业活动的老人之间的经济协作降低,一定程度上影响子代对父母的赡养反馈[②],在养老问题的衡量上,往往受子代自身的养老观念和现实考量,具有一定的功利性和选择性,存在明确的利益衡量,子代越来越考量生养以外的交换资源,更看重经济关系,选择做出有条件的回报。有一定经济条件、能够对子代提供一定的物质性支持,或可以帮助子代照看孙辈做家务,更有可能提高子代的赡养意愿。

但是目前的情况是,大多数农村老年人可用于交换的经济资源越来越少。农村老年人的生活与经济来源一直与土地紧密相连,主要来自种地自养。一旦农村老年人失能,失去劳动能力之后,情况就更加严峻。很多老年人将无法实现种地自养,甚至有的外出子女为了照料老人,不得不放弃在外务工,回乡照料老人。有些地区存在农民土地流失问题,土地保障功

---

① 孙薇薇. 农村养老实践中的“功利养老主义”探析[J]. 广西民族大学学报(哲学社会科学版),2014,36(4):53-59.

② 王跃生. 农村家庭代际关系理论和经验分析——以北方农村为基础[J]. 社会科学研究,2010(4):116-123.

能也在弱化。除了种地自养之外，农村老年人的经济来源还有一部分来自子女的经济支持。老年人一旦失能，子女资助将成为老年人的重要生活来源。失能老年人在生活、卫生保健、康复医疗等各方面的需求得到满足的关键是其家庭或有供养关系的亲属子女的经济状况及供养关系如何。然而，在城市化进程中，外出务工的子代家庭，其在城市获取的经济资源，需要应付城市里高消费的生活。他们所赚取的收入即使流回农村，也往往用于自己或者子代的消费和储备，如修建房屋、留守子女教育等[①]，小部分用于供养老人。因此，一旦农村老年人失能甚至需要照料，如果不能有效地针对失能老年人提供长期照护服务，有些子女很难选择就业，不得不回乡照料老人，人力资本就会被束缚在失能老年人的照护上。这样不仅家庭收入的来源会减少，子女们也会失去发展的机会，往往导致失能老年人的家庭甚至失能老年人的亲属家庭陷入经济贫困。2011 年，徐丽萍等人初步估算，农村失能老年人家庭每年每户丧失的机会成本是 8 912 元。[②] 长期照护失能老年人往往会消耗整个家庭的财力资源，甚至会导致家庭出现经济危机。

第三节　农村失能老年人家庭的信息需求及困境

联合国提出人人都应当享有平等的机会获取和使用信息及相关技术，实现“信息无障碍”。[③] 21 世纪是一个信息化的时代，每个人都需要信息来

---

① 高瑞琴，叶敬忠．生命价值视角下农村留守老人的供养制度[J]．人口研究，2017，41(2)：30－41.

② 杨团．农村失能老年人照料贫困问题的解决路径——以山西永济蒲韩乡村社区为例[J]．学习与实践，2016(4)：92－103.

③ 任铁民．信息无障碍是残障人士贫困人口等弱势群体的基本发展权[J]．中国信息界，2007(8)：31－34.

维持生存和发展。信息已经成为比物质资源更加重要的资源。失能老年人的信息化支持更加迫切。本部分分析了农村失能老年人及家庭的信息需求情况,并对其面临的信息需求闭塞化困境进行了探讨。

一、信息需求状况

信息需求是指人们在日常生活中面临由于自身能力、知识储备而无法对问题进行解释和分析的时候,求助他人或从其他资源得到帮助的需要。信息需求是信息化社会中的人们的普遍行为,处于信息时代的老年人同样有强烈的信息需求。[①] 失能老年人及其家庭为了维持独立且更好地管理家庭,需要寻求有关实际帮助、经济帮助及其他形式帮助的信息和建议,需要通过了解周边的信息来做出合理的选择。信息素养成为关乎老年人生活品质的一项主要途径。《中华人民共和国残疾人保障法》第五十四条规定,国家采取措施,为残疾人信息交流无障碍创造条件。国家和社会研制、开发适合残疾人使用的信息交流技术和产品。这凸显了国家对特殊人群的信息需求的重视以及维护弱势群体基本发展权的决心。农村失能老年人由于自身身体机能丧失、农村地区的信息及通信基础设施不完善、自身财力不高无力购买通信终端设备或使用服务等因素,使得这一人群获得信息的能力差,成为存在信息障碍的主要人群。

国外关于老年人信息需求及行为的研究较多。布拉德利·格林伯格(Bradley Greeberg)和布伦达·德尔文(Brenda Dervin)在20世纪70年代就

① 文永勤,刘琴. 老年人信息需求的特征——基于对成都市新都区老年人的调查研究[J]. 经营与管理,2017(5):150-152.

对穷人和其他弱势人群的信息需求、信息获取渠道等进行研究[①②③]，埃尔夫瑞德·查特曼(Elfreda Chatman)研究了穷人和社会边缘人群的信息行为，分析他们的信息需求、分享、使用等信息行为情况，提出了"小世界"生活(Small World Life)或"小世界"情境(Small World Context)概念，进而提出信息贫困理论、圆周生活理论(Theory of Life in the Round)和规范行为理论(Theory of Normative Behavior)。[④] 在英国，越来越多的老年人表示未来会需要更多的信息和帮助提供者。[⑤] 卡纳和霍尔也注意到了传达给照顾者信息的重要性，尤其是在那些少数民族社区或者是农村社区，其服务利用很大程度上受家庭价值观和传统观念的影响。[⑥] 然而，英国有研究发现，英国失能老年人的信息需求可能被忽视了。消费者事务中心研究发现，老年受访者对于各种服务和各种资助并不是很了解，他们也并不懂得每种服务是由哪个机构提供的。廷克等人的后续研究也发现，老年人并不了解他们的各种服务和福利，也不懂得如何才能得到帮助以做出重要的有关家庭照顾的人生决定。现在存在大量信息可以帮助老人应付家中事务，这些信息形式多样、质量也不尽相同。然而，那些最需要这些信息的人并不愿意对此作出评价。例如，有一些免费手册、情况说明书和电话"指南"专门讲述了政府给予年龄超过 60 岁的老年人的福利等信息。但是，英国工作和养老金部(2002)估计，在 1999—2000 年，22% ~36% 的收入资助对象，7% ~

---

① Greenberg B S, Dervin B L. Mass communication among the urban poor[J]. The Public Opinion Quarterly, 1970(34):224 - 235.

② Greenberg B S, Dervin B L. Use of the mass media by the urban poor: Findings of three research projects, with an annotated bibliography[R]. New York: Praeger, 1970.

③ Dervin B, Greenberg B S. The communication environment of the urban poor[R]. East Lansing, MI: Michigan State University, Department of Communication. CUP Report No. 15, 1972.

④ 王素芳. 信息与贫困：埃尔夫瑞德·查特曼的小世界信息行为理论述评[J]. 图书情报知识, 2015(6):67 - 78.

⑤ Julia BarrettÃ, Support and information needs of older and disabled older people in the UK, Applied Ergonomics 36 (2005) 177 - 183.

⑥ Karen A. Roberto and Shannon E. Jarrott, Family caregivers of older adults: A life span perspective, family relations, Vol. 57, No. 1 (Jan., 2008):100 - 111.

15%能得到住房资助,30% ~36%的税务资助对象没能领取他们的补助金。弱势群体是最需要照顾、帮助和信息的。如果老人能够通过一种易于理解和接受的方式获取他们想要的照顾、帮助和信息,他们会变得更加独立。① 失能老年人家庭迫切寻求能够更有效管理家庭的信息和建议,但一些失能家庭接收不到相关服务信息。比如,由于失能老年人的照护需要一定的专业化、规范化的要求,子女照护者在承担失能老年人长期照护时往往力不从心,因此家庭照护者亟须相关的照料技能信息,照护失能老年人的专业设施等信息,掌握了这些技术和专业服务信息,家庭照护者的照护效果就会大大增强。尽管政府和相关组织有一些针对失能老年人及其家属的指导和培训服务,但是实际上老年人尤其是活动不便的失能老年人,甚至失能老年人的家属接触不到相关的信息。

老年人的信息需求及行为跟其他年龄群体存在差异。不同健康状态或者不同年龄阶段的失能老年人的信息需求和信息行为也是不同的。澳大利亚 Kristy Williamson 研究 74 ~85 岁的退休老年女性日常信息需求发现,这一群体的老年人最关注的 4 类信息主题为:健康、收入财政、娱乐、政府信息②;冰岛 Palsdottir A 的研究发现,居住家中尚有生活能力的老年人日常最关注的 4 大信息为:政府机构政策信息、健康信息、财政信息、家庭和朋友信息③;芬兰 Raimonemel 等通过对 319 位老年人利用信息的行为的调查,总结出老年人日常生活中的 4 类情境需求为:家务活动、健康生活、认知任务、人际互动。④ 可见,老年人对医疗保健等健康信息以及财政信息的

① Julia BarrettÃ ,Support and information needs of older and disabledolder people in the UK,Applied Ergonomics 36 (2005) 177 - 183.

② Williamson K. Discovered by chance:The role of incidental learning acquisition in an ecological model of information use[J]. Library & Information Science Research,1998,(20):23 - 40.

③ Palsdottir,Agusta. Elderly peoples' information behaviour:Accepting support from relative [J]. LIBRI,2012,62(2):135 - 144.

④ Raimonemel,et al. Enactment and use of information and the media among older adults[J]. Library & Information Science Research,2012,34(3):212 - 219.

需求较大,这些基本的信息需求主要满足老年人维持日常生活和良好的身体健康状态。同时,老年人还需要通过了解家人、朋友、社会等的信息,通过社会交往获得归属感。

国外研究发现,老年人获取信息的途径主要归纳为两类:(1)社交网络信息源,如家庭成员、亲属、朋友等。Paul Curzon 等学者认为,社交网络信息源更受老年人的信任。由于它是基于人际间的沟通,因此其优势在于一方面比单向信息源更丰富,另一方面老年人通过社会交往能够减轻孤独感。① (2)信息系统信息源,如报纸、杂志、电视、收音机等大众媒介以及互联网等信息媒介。信息系统信息源具有独特的便利性优势,能够满足老年人多样化的信息需求。② 现如今,网络作为一种获取信息的重要渠道,能够提高老年人的信息素养、态度、技能,越来越被老年人所接受和利用。

在国内,关于失能老年人的信息需求,尤其是农村地区失能老年人的信息需求的研究几乎空白。于良芝教授对农民、城市低收入者等信息贫乏者群体的信息实践行为进行研究,提出信息贫乏者的贫困主要表现在以下几个方面:缺乏机会和自由增强自己的信息资源基础;信息实践范围和类型有限;有限的信息资产和信息赋权能力。③

我国农村老年人的信息来源比较单一。中国老龄科研中心三次调查的结果显示,2000 年所有农村老年人中听广播的占 41.7%,不听广播的占 58.3%;看电视的占 78.4%,不看电视的占 21.6%;读书看报的占 7.7%,不读书看报的占 92.3%;学电脑的占 0%,不学电脑的占 100%。2006 年,所有农村老年人中听广播/看电视的占 79.8%,不听广播/看电视的占 20.2%;学(用)手机的占 2.1%,不学(用)手机的占 97.9%;读书看报的占

① Curzon P, et al. Successful strategies of older people for finding information[J]. Interacting with Computers,2005,17(6):660 - 671.

② 李一喆,吴丹. 国外老年人信息行为研究综述[J]. 新世纪图书馆,2014(9):92 - 95.

③ Liangzhi Yu. How poor informationally are the information poor? [J]. Journal of Documentation, 2010(6):906 - 933.

9.8%，不读书看报的占90.2%；学电脑的占0%，不学电脑的占100%。2010年，所有农村老年人中听广播/看电视的占88.5%，不听广播/看电视的占11.5%；学（用）手机的占11.2%，不学（用）手机的占88.8%；读书看报的占8%，不读书看报的占92%；学电脑上网的占0.3%，不学电脑上网的占99.7%。可见，农村老年人获取信息的途径主要是听广播和看电视。近些年获取信息的途径逐渐多样化，出现了手机、电脑上网等形式，但是广播和电视依然是重要的获取信息的手段。整体来看，失能老年人获取信息的能力要远远低于非失能老年人（见表3－6）。

表3－6　三次调查中农村老年人主要的信息来源情况　（单位：%）

信息来源	2000年		信息来源	2006年		信息来源	2010年	
	失能	非失能		失能	非失能		失能	非失能
听广播	34.3	43.5	听广播/看电视	68.4	82.8	听广播/看电视	84.7	89.7
看电视	62	82.5	学（用）手机	0.7	2.5	学（用）手机	3.3	13.8
读书看报	3.3	8.9	读书看报	3.9	11.4	读书看报	4.0	9.3
学电脑	0	0.1	学电脑上网	0	0	学电脑上网	0.1	0.3

注：表格中的比例指失能的老年人中听广播的比例，非失能的老年人中听广播的比例。

数据来源：中国老龄科研中心2000年、2006年和2010年“中国城乡老年人口一次性抽样调查”数据。

利用2015年中国健康与养老追踪调查（China Health and Retirement Longitudinal Survey，CHARLS）数据分析发现，农村失能老年人的社会交往受失能情况影响较大。整体来看，农村失能老年人中，有51.4%的老年人没有任何社会交往，高于健康老年人的42.5%。失能老年人主要社会交往以与朋友交往为主。从不同失能程度来看，随着失能程度的增加，失能老年人社会交往的比例逐渐下降。轻度失能老年人中49.6%的老年人没有任何社会交往，中度和重度失能老年人中没有任何社会交往的比例分别达到59.8%和75.8%。同时可以发现，与朋友交往是不同程度失能老年人进行社会交往的主要方式，其次是去社区活动室、健身（见表3－7）。

表3－7　农村不同失能程度老年人社会交往情况　（单位：%）

失能程度	与朋友交往	去社区活动室、健身	帮助他人、参与社团组织及志愿活动	参加培训、上网和其他	以上均没有	总计
轻度失能	26.0	13.3	10.3	0.8	49.6	100.0
中度失能	24.3	9.3	6.6	0.0	59.8	100.0
重度失能	9.7	8.0	6.5	0.0	75.8	100.0
总计	25.2	12.8	9.8	0.8	51.4	100.0

数据来源：2015年中国健康与养老追踪调查（China Health and Retirement Longitudinal Survey，CHARLS）数据。

利用2015年中国健康与养老追踪调查（China Health and Retirement Longitudinal Survey，CHARLS）数据分析发现，农村失能老年人家庭无障碍设施装配率极低。整体上看，农村失能老年人中，家庭装配有电梯的仅有1.3%，这可能与农村独门独院的住房构造有关；家庭装配有无障碍通道的仅有17.7%。从不同失能程度来看，随着失能程度的增加，家庭装配有无障碍通道的比例明显上升。轻度失能老年人中家庭装配无障碍通道的比例仅为16.4%，而在中度和重度失能老年人家庭中，装配无障碍通道的比例分别为22.1%和30.4%（见表3－8）。

表 3-8　农村不同失能程度老年人家庭无障碍设施情况　（单位：%）

失能程度	是否有电梯		是否有无障碍通道	
	是	否	是	否
轻度失能	1.6	98.4	16.4	83.6
中度失能	0.0	100.0	22.1	77.9
重度失能	0.0	100.0	30.4	69.6
总计	1.3	98.7	17.7	82.3

数据来源：2015 年中国健康与养老追踪调查（China Health and Retirement Longitudinal Survey，CHARLS）数据。

利用 2015 年中国健康与养老追踪调查（China Health and Retirement Longitudinal Survey，CHARLS）数据分析发现，农村失能老年人与子女见面和联系频率较低。整体上看，农村失能老年人中，有 47.6% 的老年人每年与子女见面不超过 4 次，有 48.4% 的老年人每年与子女联系不超过 4 次。从不同失能程度来看，轻度失能老年人中，每年与子女见面、联系不超过 4 次的比例分别为 49.5%、50.7%；中度失能老年人中，每年与子女见面、联系不超过 4 次的比例分别为 30.4%、30.2%；重度失能老年人中，每年与子女见面、联系不超过 4 次的比例分别为 38.2%、39.1%（见表 3-9、表 3-10）。

表 3-9　农村不同失能程度老年人见到子女频率情况　（单位：%）

失能程度	每周至少一次	每个月一到两次	每年两到四次	每年一次或其他	总计
轻度失能	34.1	16.4	19.8	29.7	100.0
中度失能	56.5	13.1	13.0	17.4	100.0
重度失能	44.2	17.6	17.6	20.6	100.0
总计	36.2	16.2	19.2	28.4	100.0

数据来源：2015 年中国健康与养老追踪调查（China Health and Retirement Longitudinal Survey，CHARLS）数据。

表 3－10　农村不同失能程度老年人联系子女频率情况　（单位：%）

失能程度	每周至少一次	每个月一到两次	每年两到四次	每年一次或其他	总计
轻度失能	31.7	17.6	22.2	28.5	100.0
中度失能	50.8	19.0	12.7	17.5	100.0
重度失能	39.2	21.7	6.5	32.6	100.0
总计	33.7	17.9	20.5	27.9	100.0

数据来源：2015 年中国健康与养老追踪调查（China Health and Retirement Longitudinal Survey，CHARLS）数据。

二、信息困境——信息闭塞化

通常把知识与信息获取和掌握上的劣势称为“信息贫困”。信息贫困是伴随着信息革命和信息化的发展而产生的。作为 21 世纪信息时代的新型贫困，缺乏获取信息的能力或者信息素养不高，就会在分享社会文明成果中失去很多机会，就会对周围所处的环境了解不够，面对问题和困难时就很难去解决和驾驭①，从而成为信息社会的边缘和弱势群体。

老年人一旦失能之后，生活圈子越来越小，获取信息渠道狭窄，信息行为越来越惰性，对信息需求和资源使用更少，与社会的“信息鸿沟”越来越大，容易逐渐地被社会边缘化，反之，良好的信息获取有着增强社交网络和沟通，提高老年人生活质量的作用。当前我国失能老年人的信息需求没有引起政府和社会的足够关注，缺乏专为失能老年人配备的信息服务机构。老年人信息需求供给严重不足，加剧了老年人之间的发展不平衡。

改革开放以来，我国积极推进信息化建设并取得了较大成就，然而信息化建设需要投入大量资金。受到城乡二元结构的影响，贫困地区信息基础设施不健全，信息技术落后，信息人才短缺，信息环境不良，城市和农村

① 任铁民．信息无障碍是残障人士贫困人口等弱势群体的基本发展权［J］．中国信息界，2007（8）：31－34.

之间的信息鸿沟越来越大。中国信息无障碍建设的重点应该放在农村,尤其要关注贫困地区的残障和失能人口。这一弱势群体的需求迫切,但是往往容易被忽视。而且由于农村收入水平偏低,农村老年人的文化程度普遍不高,制约了低收入者和低文化程度的老人的信息获取和解读能力,不能有效识别和筛选信息,不能主动搜集和利用政府和社会提供的各种信息服务,造成信息闭塞、观念陈旧,形成"信息贫困""信息孤岛"的困境,影响失能老年人及家庭生活质量的提高。

第四节　农村失能老年人家庭的制度支持需求及困境

近些年农村的社会保障体系逐渐完善,但农村的社会保障水平需要逐步提高。对于失能的农村老年人来说,相关的制度安排比较欠缺。随着失能老年人的增多,失能老年人的制度支持缺失已经不是失能老年人个体的风险问题,而是失能老年人家庭及其整个群体的风险。本部分分析了农村失能老年人及家庭的制度支持需求及困境,为农村失能老年人的服务体系的制度建设提供借鉴。

一、制度支持需求状况

(一)长期照护保障制度是农村失能老年人最为迫切的制度需求

农村养老保障、医疗保障制度不断完善,但是仍然不够健全。利用2015年中国健康与养老追踪调查(China Health and Retirement Longitudinal Survey, CHARLS)数据分析发现,整体来看,农村失能老年人中有53.8%未参加过体检。其中,从未参加体检的有16.6%,过去两年未参加过体检的有37.2%。从不同失能程度来看,轻度失能老年人中有53.6%未参加过体检。其中,从未参加体检的有16.9%,过去两年未参加过体检的有36.7%。中度失能老年人中有56.0%未参加过体检。其中,从未参加体检的有17.4%,过去两年未参加过体检的有38.7%。重度失能老年人中有53.4%未参加过体检。其中,从未参加体检的有12.6%,过去两年未参加过体检的有40.8%(见表3-11)。

表3-11　农村不同失能程度老年人参与体检情况　(单位:%)

失能程度	过去两年参加过体检	从未参加过体检	过去两年未参加过体检	总计
轻度失能	46.4	16.9	36.7	100.0
中度失能	43.9	17.4	38.7	100.0
重度失能	46.6	12.6	40.8	100.0
总计	46.2	16.6	37.2	100.0

数据来源:2015年中国健康与养老追踪调查(China Health and Retirement Longitudinal Survey, CHARLS)数据。

利用2015年中国健康与养老追踪调查(China Health and Retirement Longitudinal Survey, CHARLS)数据分析发现,整体来看,农村失能老年人中,对本地医疗服务满意的比例为47.8%,一般为30.9%,不满意为21.3%。从不同失能程度来看,随着失能程度的增加,对本地医疗服务满意度逐渐提升。轻度失能老年人中,对本地医疗服务满意的比例为47.7%,一般为30.7%,不满意为21.6%;中度失能老年人中,对本地医疗服务满意的比例为48.8%,一般为36.4%,不满意为14.8%;重度失能老年人中,对本地医疗服务满意的比例为50.0%,一般为25.0%,不满意为25.0%(见表3-12)。

表3-12　农村不同程度失能老年人对本地医疗服务满意度　(单位:%)

失能程度	非常满意	比较满意	一般	比较不满意	非常不满意	总计
轻度失能	20.3	27.4	30.7	13.2	8.4	100.0
中度失能	29.5	19.3	36.4	11.4	3.4	100.0
重度失能	26.9	23.1	25.0	13.5	11.5	100.0
总计	21.2	26.6	30.9	13.1	8.2	100.0

数据来源:2015年中国健康与养老追踪调查(China Health and Retirement Longitudinal Survey, CHARLS)数据。

利用2015年中国健康与养老追踪调查(China Health and Retirement Longitudinal Survey, CHARLS)数据分析发现,整体来看,未参与医疗保险的的失能老年人中,有28.4%的老年人是因为其他原因未参与,27.8%是由于负担不起,16.5%是因为不知道如何办理,另有16.5%是因为不知道/从未听说,10.8%是因为不需要。从不同失能程度来看,负担不起和其他原因是失能老年人未参与医疗保险的共同主因。未参与医疗保险的轻度失能老年人中分别有25.2%和27.4%是因为负担不起和其他原因;中度失能老年人中分别有39.1%和34.8%;重度失能老年人中分别有35.7%和28.5%(见表3-13)。

表3-13　农村不同程度失能老年人未参与医疗保险原因　(单位:%)

失能程度	不需要	负担不起	不知道如何办理	不知道/从未听说	其他	总计
轻度失能	12.2	25.2	18.0	17.2	27.4	100.0
中度失能	0.0	39.1	17.4	8.7	34.8	100.0
重度失能	14.3	35.7	0.1	21.4	28.5	100.0
总计	10.8	27.8	16.5	16.5	28.4	100.0

数据来源:2015年中国健康与养老追踪调查(China Health and Retirement Longitudinal Survey, CHARLS)数据。

制度保障的主要目的在于让人类在不同的生命阶段能够应对各种风险,因此理想化的制度安排需要做到全生命周期的系统安排。失能往往发生在人类进入晚年时期。国外经验表明,长期照护服务体系和养老保障制度、医疗保障制度是个体进入老年阶段后的三项基本制度安排,长期照护服务体系是社会保障体系的最后一道防线。[①]

长期照护是指为失能人群提供生活照料、康复护理、社会交往、精神慰藉以及临终关怀等综合服务。发达国家普遍认识到失能老年人的长期照

① 林艳,党俊武,裴晓梅,等. 为什么要在中国构建长期照护服务体系?[J]. 人口与发展,2009,15(4):52-64.

护服务问题的严峻性。因此,在发达国家,长期照料服务体系是其公共服务的重要制度安排。发达国家经过长期的探索发现,如果把没有治疗价值的失能老年人接收进医院进行住院治疗,将会造成医疗保险体系赤字风险。因此,建立独立于医疗保险体系之外的长期照护服务体系尤为重要。发达国家虽大多已经建立了长期照护体系,但长期照护体系的模式因国情而有所差异,大致可分为:国家保障型的照护体系,如瑞典、英国、爱尔兰、俄罗斯以及其他部分北欧和东欧国家等,政府以税收为保证来进行筹资,通过大量的财政支出来承担对老年人的护理责任,为他们提供多种社会和保健服务;社会保险型的照护体系,如德国、日本、韩国、墨西哥等,其长期护理政策的核心是长期护理保险;商业保险型的照护体系,如美国、比利时、荷兰、澳大利亚、新西兰等,由公共保障和商业保险共同构成,但以商业运作模式为主,由商业性保险公司来提供护理保险,投保人采取自愿原则,根据自身需求和经济状况来进行选择。

我国长期照护制度还未建立,相关商业保险的探索刚刚起步,专门针对失能老人的福利体系也基本处于空白状态。改革开放以来,政府在农村坚持实施五保制度、最低生活保障制度、农村社会救助体系,不断提高农村的新型合作医疗制度和新型农村养老保险制度的覆盖面,但是制度安排所能提供的资源非常有限。制度性安排的缺乏,加上农村快速城镇化和老龄化同步到来,给农村老年人带来了前所未有的挑战。学者调查研究发现,农村自杀死亡的70岁以上的老年人,生前主要是失能者。由于失能后得不到家人的基本照料,对于他们而言,死亡显然胜于痛苦地活着。① 因此,国家、社区和各类组织必须及时做出制度性安排,给失能老年人提供强有力的制度后盾。否则,中国农村失能老年人的生活现状将会越来越恶化。

国务院《关于印发“十三五”国家老龄事业发展和养老体系建设规划的

① 杨团.农村失能老年人照料贫困问题的解决路径——以山西永济蒲韩乡村社区为例[J].学习与实践,2016(4):92-103.

通知》提出，探索建立长期护理保险制度。开展长期护理保险试点的地区要统筹施策，做好长期护理保险与重度残疾人护理补贴、经济困难失能老年人护理补贴等福利性护理补贴项目的整合衔接，提高资源配置效率效益。鼓励商业保险公司开发适销对路的长期护理保险产品和服务，满足老年人多样化、多层次长期护理保障需求。[①] 农村老年人口长期照护应以居家养老为依托，形成社会化、多层次、可持续的照护体系。包括完善对广大农村失能老年人及其家庭和家庭照护者进行经济、政治、社会、发展等的支持系统，充分发挥政府、市场、家庭和社会的作用。[②]

（二）亟须构建家庭照护者社会支持系统，缓解家庭照护者压力

2015 年中国健康与养老追踪调查（China Health and Retirement Longitudinal Survey, CHARLS）数据分析发现，整体来看，农村失能老年人中，有 27.0% 和 21.7% 的老年人在大多数时间情绪低落和感到孤独，有 19.5% 和 11.4% 的老年人有时情绪低落和感到孤独。从不同失能程度来看，随着失能程度的增加，老年人大多数时间情绪低落和感到孤独的比例也增加。轻度失能老年人中，有 25.6% 和 20.3% 的老年人在大多数时间情绪低落和感到孤独，有 20.0% 和 11.7% 的老年人有时情绪低落和感到孤独；中度失能老年人中，有 26.4% 和 26.9% 的老年人在大多数时间情绪低落和感到孤独，有 17.2% 和 12.9% 的老年人有时情绪低落和感到孤独；重度失能老年人中，有 58.3% 和 41.2% 的老年人在大多数时间情绪低落和感到孤独，有 12.5% 和 3.9% 的老年人有时情绪低落和感到孤独（见表 3 - 14、表 3 - 15）。

---

① “十三五”国家老龄事业发展和养老体系建设规划，http://szb.ylrb.com/.

② 李文杰．中国农村老年人口长期照护问题研究［D］．河南大学，2012.

表 3－14　农村不同程度失能老年人情绪低落频率情况　（单位:%）

失能程度	很少或根本没有	不太多	有时	大多数时间	总计
轻度失能	40.6	13.8	20.0	25.6	100.0
中度失能	34.6	21.8	17.2	26.4	100.0
重度失能	18.8	10.4	12.5	58.3	100.0
总计	39.3	14.2	19.5	27.0	100.0

数据来源:2015 年中国健康与养老追踪调查(China Health and Retirement Longitudinal Survey, CHARLS)数据。

表 3－15　农村不同程度失能老年人感到孤独频率情况　（单位:%）

失能程度	很少或根本没有	不太多	有时	大多数时间	总计
轻度失能	59.1	8.9	11.7	20.3	100.0
中度失能	51.6	8.6	12.9	26.9	100.0
重度失能	45.1	9.8	3.9	41.2	100.0
总计	57.9	9.0	11.4	21.7	100.0

数据来源:2015 年中国健康与养老追踪调查(China Health and Retirement Longitudinal Survey, CHARLS)数据。

面对长期情绪低落和感到孤独的失能老年人,作为长期陪伴失能老年人的家庭照护者,一方面不具有专业的心理学知识,不能给予老年人情绪疏解,同时由于承担沉重的失能老年人照护任务,往往承受巨大的心理压力,其总体生活质量明显低于普通人。家庭照护者对有效的社会支持性服务有较高的需求。农村家庭照料者很少或者基本上无法享受到社会资源的帮扶。在强调家庭照护者内在应对系统的同时,应完善家庭照护者的社会支持政策。良好的社会支持能够有效减轻照顾者负荷,提高照顾者和老年人的生活质量。家庭照护者一方面在社会地位和角色价值方面亟须得到社会的认可,另一方面亟须在制度支持方面如法律、机构建设、服务保障等多方面得到政府、市场、家庭、社区、社会组织等主体的支持。必须高度重视并做好失能老年人的制度保障工作,不仅要对家庭照护者提供支援,同时应对社会照护机构提供化解意外风险的支持,建立照护机构老年意外保险等配套制度。

二、保障困境——文化污名化

社会文化因素也深深影响着农村老年人的照料模式，导致制度和文化之间的矛盾冲突。在农村，家庭寻求社会支持往往会面临文化污名化的风险。

社会文化因素影响失能老年人的照料与支持服务。欧洲家庭照料报告显示，在欧盟大多数国家，非正规照料提供者，如家人、邻居和朋友提供了平均大约60%的家庭照料个人需求。在希腊和一些中欧国家，90%的家庭照料由家人提供。与之相反，在丹麦只有15%的家庭照料由家庭成员提供。挪威、丹麦和瑞典是去家庭化的典型。在奥地利，随着工作女性的数量的增加，家庭成员的非正规照料在下降。对于支持和平衡工作与家庭生活，专业照顾和照料服务变得更加重要。保加利亚对家庭和家人深度依赖是惯例。然而，社会的变化使得一个人献身于家庭变得困难，尤其是当家庭成员有重病需要照顾的情况下。如果人们不得不照顾患病的亲属，他们就必须放弃工作，这将降低整个家庭的生活质量。尽管机构长期照料与保加利亚的传统完全相悖，但也成为可行的办法。然而，在其他国家，如荷兰，政策开始向更多的非正规照料转移，强调减少专业照料需求，例如，通过促进疾病与残疾预防，自我管理与非正规照料，家庭成员承担了更多的照料责任。有国外调查发现，一些国家地区文化少数民族成员较少使用正式服务，这也显示出这些成员依赖传统孝道，善于利用其扩大式家庭的帮助，对正式服务持怀疑态度，崇尚自立自强的文化信仰。例如，约翰逊指出，即使非主导文化的家庭成员已经适应了新的文化，其过去传统的影响也会减少服务的使用，而这些家庭其实是可以从这些服务中受益的。约翰逊认为，来自非主导文化的家庭：更习惯家庭照顾，并且不与陌生人讨论问题;对"白色文化"机构持怀疑态度,并且对其期望值很小;认为现在介入的社区服务是不当的,也不是其文化传统的一部分。这一观点再次有力地证明不同文化的成员较少利用正式服务的行为是他们自己的选择,一味地强制把资源用在这些人身上或许并不合适。有人认为文化价值会阻挡服务的使用,但是他们并不会要求某个文化群体的全体成员都以同样的方式体验文化和照顾。① 参与者也表示重要的家庭运作方式是由文化驱动的——谁提供照顾,家庭如何做决定,家庭成员之间的相互期待以及家庭从朋友和社区中接受的帮助等。在家庭做决定时,工作人员无法理解文化上的先赋角色,这经常被认为是接受服务的一大障碍。工作人员很惊讶地发现,当他们为那些发展性残疾患者的家庭提供服务或者是为那些对他们的意图表示担心或怀疑的家庭提供帮助时,这些家庭会拒绝他们的帮助。所以,很重要的一点是,工作人员应该乐于反思他们所做的以及他们没有做到的,以理解他们的帮助为什么会遭到拒绝。这对于跨文化问题的思考提供了一个有效的方式。海地的家庭们谈到了其他家庭成员的重要性,尤其是面对文化适应和分散的家庭网络的情况。比如,那些拒绝服务的情况,有的是因为他们把接受外部的帮助看作允许其他的家庭成员逃避自己的责任。工作人员需要理解家庭帮助的需求、对帮助的期待、实际接受的帮助以及没有达到期望所产生的后果。

我国是一个有着尊老、敬老优良传统的国度,养老文化的内涵极为丰富。养老文化主要是指长期形成的,家庭或社会在老年人的经济供养、生活照料、精神慰藉等养老服务方面的传统习俗、行为规范、思维方式、价值观等。"孝道"是中国传统文化之本,养老文化的核心内容就是"孝文化",即所谓"夫孝,天之经,地之义,民之行也"。随着社会的发展,"孝"的内涵

① Philip Mc Callion, Matthew Janicki, and Lucinda Grant - Grifrin. Exploring the impact of culture and acculturation on older families caregiving for persons with developmental disabilities[J]. Family Relations, Vol. 46, No. 4, Family Caregiving for Persons with Disabilities (Oct., 1997), pp. 347 - 357.

也在不断演变、丰富和发展。

中国传统“孝文化”历史悠久,为中国养老制定了最基本也最严格的价值标准和代际契约。长久以来,中国的养老文化基本上是以家庭这一单位作为初级的准社会福利体系的基础。费孝通先生认为,中国的养老模式是一种“反馈模式”,即父母年轻的时候抚育子女,等父母年老之后由子女来赡养和反哺父母,体现了两代人之间的双向义务伦理原则。而西方养老模式是一种接力模式,即父母抚育子女,子女抚育下一代,老年人的养老由社会来承担,代际之间是一种单向义务伦理原则。随着社会经济的发展,多元价值观的冲击等,传统的孝道观在认知、情感、行为上都发生了变化,在实际执行上也碰到了诸多困难。有学者对大学生的研究发现,大学生认为传统价值观有很多方面已经不符合现代生活的观念,不赞同对父母要“百依百顺”“唯命是从”,而更强调父母与子女之间的平等对待,认为父母不正确的观点、行为,应当采取适当的方法予以规劝;由于社会的流动性,以及出于寻找工作和学习的机遇的需要,大学生也不愿意与父母同住,更倾向于与其年老的父母分居。①

一方面,子女的孝道观发生了变化,传统家庭养老的方式受到挑战;另一方面,老年人“养儿防老”的观念根深蒂固,依然青睐传统的孝道文化和养老模式。目前中国农村老人依旧倾向于选择家庭养老的方式,对社会化养老机构接受度较差。很多老人受生活习惯、社会关系等各方面的影响,也不愿意迁到城市与子女一起居住。长期以来,农村崇尚大家庭照顾模式,在家中照顾失能老人是农村传统文化的道德标准。选择机构养老的多是家庭照料资源不足的老人,如独居和子女数量较少的失能老人。② 因此,农村老年人养老观念与现实的冲突加重了养老能力与老人需求的双重负

① 邓凌. 大学生孝道观的调查研究[J]. 青年研究,2004(11):38-42.

② 肖云,随淑敏. 我国失能老人机构养老意愿分析——基于新福利经济学视角[J]. 人口与发展,2017,23(2):91-99.

担。非主导文化的家庭成员并不是不选择利用服务，而是由于其知识的缺乏和谨慎的特性，接受最少的服务。尽管他们非常需要这些服务。一个人的文化认同感及其在日常社会中追求认同感的经历对家庭中照顾失能老年人产生了巨大的影响。[①]

机构养老方式源自欧美。这种方式是个体主义文化的结果和体现，主要是以老年人离开亲人和家庭、以老年群体形式度过人生最后阶段为特征。[②] 在我国，机构养老最早主要是以接收三无老人和五保老人为主，尽管近年来普通老年人选择养老院养老的比例明显增加，但是，在农村，很多老年人依然无法改变有子女不进养老院、无儿无女才进养老院的观念，认为进养老院说明孩子不孝顺，自己脸上会很没有光彩，会被人盖上"被遗弃、贫穷、无后代"等污名。《2014 中国农村养老现状国情报告》调研发现，约 47.3% 的农村老人不愿意住养老院，认为住养老院自己不光彩，怕子女被人指责，经济不能承受，服务质量存在问题，在养老院不自由等[③]，家庭成员也冒着被污名化的风险。

第五节　农村失能老年人家庭的发展需求及困境

人口老龄化问题包括两个方面的基本问题。一是发展问题，主要是指老龄社会的可持续发展问题，如老龄化与社会经济发展的影响等；二是人道主义问题，主要是重在解决老年人问题，如老年人的权益保障和社会保

① Philip Mc Callion, Matthew Janicki, and Lucinda Grant - Grifrin. Exploring the impact of culture and acculturation on older families caregiving for persons with developmental disabilities[J]. Family Relations, Vol. 46, No. 4, Family Caregiving for Persons with Disabilities (Oct., 1997), pp. 347 - 357.

② 李琬予，寇彧，李贞. 城市中年子女赡养的孝道行为标准与观念[J]. 社会学研究，2014，29(3)：216 - 240 + 245 - 246.

③ 农村养老现状新观察[J]. 江苏农村经济，2015(7)：66.

护等。农村失能老年人及其家庭成员同样存在发展的需求。本部分研究农村失能老年人及其家庭的发展需求及困境，以期为农村失能老年人及其家庭的发展提供借鉴。

一、发展需求状况

失能老年人的发展需求。老年人的需求可分为生存性需求和生活质量需求两个层面。生存性需求是指老年人为了延续生命，维持基本生活而提出的需求；生活质量需求主要表现在对精神情感、身心健康的关注，积极参与社会，追求自我价值的实现等。[①] 老年人失能并不意味着失去对生活质量的需求。事实上，"孤独比贫困更可怕"。失能老年人同样需要诸如社交、学习等高层次的发展需求。失能照护不仅是简单的生活维持，而是有着完整内容的体系。生活照料类服务作为部分丧失自理能力的老人的需求，是小范围、辅助性的。当下在城市养老模式中颇受重视的精神慰藉在农村尚为潜在需求，难以产生认同感与价值感。

失能老年人家庭照护者的发展需求。照顾失能老年人需要照护者投入大量的时间和精力，也不可避免地会给照护者带来诸如健康、工作、生活等方面的影响。失能老年人家庭照护者一方面可能会因为照料失能老年人而失去从事有酬劳动的机会，或者因为照护失能老年人而经常旷工、请假等，从而影响收入或者影响晋升。另一方面，可能会因长期的、高强度的照料而直接影响到照料者的身体健康和精神状况，导致家庭照护者出现筋疲力尽、孤独、无望、沮丧等不良情绪。因此，失能老年人家庭照护者的压力和困境能否解决，关系到人口生育政策的走向，关系到劳动力市场的稳定（工作和家庭的平衡），影响整个国家的经济社会发展活力。

---

① 姚远．老年群体更替：积极应对人口老龄化必须考虑的问题[J]．西南民族大学学报（人文社科版），2016，37(11)：1－8.

二、发展困境——价值隐性化

我国失能老年人家庭照护者容易陷入价值隐性化的困境。不管社会保障程度如何,失能老年人的家庭照护者都承担着重要的角色。研究发现,失能老年人的家庭照护者主要承担五大角色功能:协助老人的日常生活;协助老人处理财务、服药、购物、陪诊等照顾事项;担当与医疗和社区服务之间的沟通和桥梁的角色;给老人提供精神慰藉,满足老人社交需要;提供经济支援。① 在我国,家庭照护者创造的价值和应享有的权益和需求尚未被纳入国家法律和政策的考虑范畴,其价值被"隐性"化。社会或者不承认其价值,或者认为这是家庭成员应该和必须做的。重视家庭照护者的责任,而对家庭照护者的权利和需求关注较少,导致家庭照护者的价值出现错位,对家庭照护者所做贡献缺乏价值认同和公平对待,影响尊老敬老爱老的社会氛围的形成和代际之间的和谐。②

① NOVAK M, GUEST C. Application of a multidimensional caregiver burden inventory[J]. Gerontologist1989,29(6):798-803.

② 闫萍.失能老人家庭照护者的社会支持研究——基于北京市的分析[J].北京行政学院学报,2019(3):73-81.

第四章

农村失能老年人家庭政策构建

随着社会的变迁，家庭作为社会的细胞，在维护社会和谐稳定中的作用日益受到政府和社会的重视。2010年9月1日，国务院常务会议研究部署发展家庭服务业政策措施，提出大力推进家庭服务业市场化、产业化、社会化，并逐步建立多种形式的家庭服务体系。在2011年中央政治局第二十八次集体学习会上，胡锦涛提出，要建立健全家庭发展政策，切实促进家庭和谐幸福，加大对孤儿监护人家庭、老年人家庭、残疾人家庭、留守人口家庭、流动人口家庭、受灾家庭以及其他特殊困难家庭的扶助力度。[①] 2011年，国务院印发了《中国老龄事业发展"十二五"规划》，要求加强"老年家庭建设"，包括改善老年人居住条件、完善家庭养老支持政策、弘扬孝亲敬老传统美德等。习近平总书记在2015年春节强调："家庭是社会的基本细胞，是人生的第一所学校。不论时代发生多大变化，不论生活格局发生多大变化，我们都要重视家庭建设，注重家庭、注重家教、注重家风，紧密结合

① 聂飞．社会资本视角下的家庭政策体系构建研究[J]．求实，2016(10)：70－77.

培育和弘扬社会主义核心价值观，发扬中华民族传统家庭美德，促进家庭和睦，促进亲人相亲相爱，促进下一代健康成长，促进老年人老有所养，使千千万万个家庭成为国家发展、民族进步、社会和谐的重要基点。"

家庭变迁是改革开放以来中国社会变迁的重要内容，政府要积极构建家庭政策体系，有效应对家庭变迁给家庭、社会和个人带来的各种挑战。

第一节　家庭政策的内涵

家庭政策起源于欧洲，最早以 1939 年法国颁布《家庭法》为开端，主要是应对低出生率和贫困问题。受西方文化的影响，最初老年人不是家庭政策的目标人群，直到 20 世纪末，随着人口老龄化的加剧和养老金的财政负担的加重，老年人需要获得成年子女的照料，老年人逐渐被列入了家庭政策的目标对象。

长期以来，关于家庭政策的概念的界定比较复杂，一直没有形成统一的认识，甚至被认为每一种定义都可能是"带有意识形态色彩的抽象概念"。① 一些学者提出了比较广义的家庭政策的概念，认为家庭政策就是对家庭产生直接和间接影响的所有类型的公共政策。如 Myrdal 认为家庭政策就是指社会政策②，Kamerman 和 Kahn 认为家庭政策就是"政府为家庭做的任何事"。③ 家庭政策分为显性家庭政策和隐性家庭政策，显性家庭政策是指特别或者专门为家庭而规划，具有或不具有明确目标，如儿童福利、托育措施、家庭计划、某些家庭财税政策和住宅政策等；隐性家庭政策是指并不是专门为家庭而制定的政策，但会对家庭产生影响。吕亚军认为，显性

① European Observatory on National Family Policies, Families and Policies: Evolution and Trends in 1988 - 1989 [R]. Interim Report, Commission of European Communities, 1990.

② Myrdal A. The nation and the family. Cambridge: Massachusetts Institute of Technology, 1968.

③ Kamerman Sheila B, Alfred J. Kahn eds. Family Policy: Government and Families in Fourteen Countries. New York: Columbia University Press, 1978.

家庭政策一般明确以家庭作为政策对象制订专门计划和实施特定服务，如家庭生活教育、计划生育等，并且往往都会设立专司规划与实施的部门。隐性家庭政策则指的是并非特别以家庭作为政策对象，但对家庭有间接影响的政府政策，如失业救助等，且通常政府不会为此设立专职的部门，一般是将这类家庭政策纳入社会福利政策、就业政策等政策体系中。① Aldous认为，家庭政策与人口、经济、健康、福利、社会援助等相关政策息息相关。家庭政策包含在这些政策中，是每种政策的一个方面。② Zimmerman认为，“家庭政策旨在解决家庭在社会中面临的问题，它由一系列单独但相互关联的政策选择组成，这些政策选择能够解决家庭面临的问题”。③ 根据宽泛的家庭政策的定义，住房政策、教育政策、交通和健康政策等都包含在家庭政策之内。胡湛、彭希哲认为，家庭政策是指政府用于稳定家庭和承担家庭功能而针对家庭所推行的社会政策。④

由于广义的家庭政策的概念在运用中缺乏实际操作性，因此很多学者倾向于狭义的家庭政策的概念。例如，Richardson认为，家庭政策是指明确以家庭福利为政策目标并对其产生直接影响的政策与项目。⑤ Hantrais认为，家庭政策就是“以家庭单位为目标并对家庭资源及家庭成员行为施加影响的政策”。家庭政策需要依赖各种手段，如普遍津贴、目标津贴、补助服务与各种特殊规则等。⑥ Kamerman 和 Kahn 在后来的研究中也提出，家

---

① 吕亚军．战后西方家庭政策研究综述[J]．河北理工大学学报（社会科学版），2010（5）：12－16.

② Aldous J, Dumon W A, Johnson K. The politics and programs of family policy: United States and European Perspectives [M]. Leuven: Leuven University Press, 1980.

③ Zimmerman, Shirley L. Family Policy - Constructed Solutions to Family Problems, Thousand Oaks, California: Sage Publications, 2001.

④ 胡湛，彭希哲．家庭变迁背景下的中国家庭政策[J]．人口研究，2012，36(2)：3－10.

⑤ Kiely, G. &Richardson, V. Family Policy: European Perspectives [M]. Dublin: Family Studies Centre, 1991.

⑥ Hantrais, L. &Marie - Therese Letablier. Familiesand Family Policies in Europe [M]. London and New York: Longman, 1996.

庭政策指为实现整个家庭的特定目标而明确设计的法律、法规、福利和计划。① 吕亚军等认为，家庭政策往往是以政府和社会作为主体来提供的一种政策手段，有针对性地对家庭的资源和行为进行弥补、引导和管理，以此来应对家庭功能的弱化和提升家庭应对不确定性社会风险的能力，如减免税收、发放津贴等，其往往表现为一种狭义的补救性措施。②

发展型家庭政策正在成为各国普遍的家庭政策取向。20 世纪 90 年代以来，随着国际经济和政治环境的变化，西方福利国家的家庭政策价值取向出现了重要变化，家庭政策的导向从支持型转为发展型，从满足家庭最基本的生存需求转向建构家庭的功能，强调对家庭责任的重新定位，强调从发展的角度给予家庭全面的、积极的支持或投入，开发和强化家庭功能。"输血"和"造血"并重，注重家庭及其家庭成员能力的发展。家庭发展能力应包括：基础供给能力，包括提供衣食住行、安全等基本生存要素的能力；情感支持能力，主要包括给家庭成员提供归属感、爱、情感支持等；发展能力，包括学习能力、社交能力、风险应对能力和自我修复能力。③ 发展型家庭政策强调处理好国家干预和家庭发展的关系，国家不是直接插手家庭事务，给家庭提供福利补助，不过多干预家庭，要保持家庭的地位和作用，而是通过生产性的政策等支持，促进家庭能力提升和家庭的可持续发展。这一政策很好地平衡了"家庭主义"和"去家庭化"。

---

① Kamerman, Sheila B. and Alfred J. Kahn eds. Family Change and Family Policies in Great Britain, Canada, New Zealand, and the United States. Oxford[England]: Clarendon Press, 1997.

② 吕亚军，刘欣．家庭政策概念的辨析[J]. 河西学院学报，2009，25(6)：5－10.

③ 李树茁，王欢．家庭变迁、家庭政策演进与中国家庭政策构建[J]. 人口与经济，2016(6)：1－9.

第二节　支持农村失能老年人家庭的政策构建的必要性

农村失能老年人家庭政策的构建既有历史必然性也有现实紧迫性。完善和构建家庭失能老年人的家庭政策是人口老龄化纵深发展的必然要求。

一、家庭政策是发达国家长期探索的历史经验

回归家庭价值、支持家庭发展是西方国家社会政策发展的新支点。[①] 联合国在各种文件,如《联合国老龄问题宣言》《联合国关于到 2001 年老龄工作的全球目标和国家级目标安排的重点》《维也纳国际行动计划》中都多次提到支持家庭及家庭成员对老年人提供照顾,对照料者进行支持等。联合国《世界人口老龄化的现状》明确指出:"尽管文化价值强烈要求子女有责任照顾自己的父母,但更加需要公共政策扶助那些照料老年亲属的家庭……,如果没有这种扶助,非正式照料机制会更快地垮台,从而迫使政府承担起全部责任,这样一来所要付出的代价往往更高。"

反观西方发达国家的家庭政策,西方国家的公共政策并不是一开始就有家庭视角的,他们也经历了曲折的过程。从总体上看,西方家庭政策大致经历了从"去家庭化"到"再家庭化"的演化历程,主要是基于两个方面的原因:

一方面是家庭革命。如在 20 世纪 50 年代的美国,年轻人提倡绝对个人主义、自由性和同居。20 世纪 60 年代和 70 年代,在民权运动、女权运

① 朱浩. 西方发达国家老年人家庭照顾者政策支持的经验及对中国的启示[J]. 社会保障研究,2014(4):106－112.

动、性解放运动、同性恋运动等各种因素的推动下，结婚率下降，离婚率急剧上升，大批单亲家庭出现，青少年犯罪率上升，吸毒、自杀与日俱增，少女堕胎、性病、艾滋病蔓延。[①] 80 年代，欧美国家的家庭观念又悄悄地发生新变化，人们又开始重新重视家庭的功能，政府的政策更加趋向于强化家庭责任，关注家庭发展。

另一方面是福利困境。20 世纪 70 年代以来，西方高福利国家的政府财政面临着严重负担，同时家庭功能的弱化和家庭责任的缺失带来了诸多社会问题，给当时的社会福利体系带来极大的挑战。家庭和社区等非正规社会保护系统重新被作为应对社会风险和挑战的重要途径和依靠，成为稳定社会的重要基石。家庭政策成为福利国家用以解决社会问题和改善公民福利的重要举措，家庭成为为数不多的福利扩张领域。在 21 世纪初，欧洲学者曾倡导在性别意识主流化之后推行家庭意识主流化。

许多国家形成了较成熟的家庭养老支持政策。韩国、日本、新加坡等国家受儒家文化影响，尤其重视家庭在养老中的重要作用，通过税收优惠、制定法律等措施支持和鼓励家庭养老。如新加坡在制定赡养法律时，强化了家庭成员的赡养责任。同时，政府制定优惠政策，鼓励子女与父母一同居住。[②] 西方国家，如英国先后出台《照料者（认可和服务）法案》《照料者（平等机会）法案》《工作与家庭法案》等，通过支持家庭照护者支持家庭养老。美国 2000 年通过的《美国老年法》第Ⅲ—E 修正议案——全国照料者支持项目，将为 60 岁以上老人提供家庭照料的成年人作为受益人，明确为其提供信息服务、支持性服务、个人咨询服务、支持小组和培训服务、喘息照料以及补充性服务等项目，并可以提供住房、交通、法律和金融等多方面的照顾和优惠。[③]

---

① 顾辉．当前家庭面临的挑战与选择[J]．学术界，2011(9)：215 - 222 + 289.

② 许琳，刘亚文．老年残疾人家庭支持政策研究述评[J]．社会保障研究，2017(1)：95 - 101.

③ 李小健．家庭养老支持政策的国外镜鉴[J]．中国人大，2012(14)：30.

发达国家的实践证明,家庭政策必须依赖家庭才能有效发挥作用。因此,不可忽视家庭的传统保障功能在家庭政策体系中的作用。家庭既是社会政策的逻辑起点,也是政策的终点和归宿,还是社会政策得以落实的重要依托和着力点。公共政策需纳入家庭视角。

二、家庭政策是解决家庭功能失衡的现实需求

家庭及其家庭成员提供养老支持与保障,比政府和社会提供这些支持和保障,具有天然的相对优势。如家庭的支持与保障成本相对较低,能够满足失能老年人的个性化需求。家庭不仅能够为老年人提供经济支持,更重要的是还能为其提供情感与爱的支持,满足老年人情感慰藉等方面的需求,给失能老年人带来安全感和归属感。在我国传统家庭伦理及社会道德文化的支撑下,家庭照料更具有强大的生命力。1991 年《联合国老年人原则》首次提出"在地老化"的重要理念,认为"老年人应该尽可能地长期在家中居住""老年人应当得到家庭、社区的照顾和保护,这种照顾和保护可以根据不同社会的文化价值体系来给予"。随着医疗科技的发展,失能老年人的生存时间延长,长期照护需求不断增加,而受照护市场供给不足以及传统养老观念等因素的影响,我国失能老年人主要依靠家庭照护。1993 年第二次国家卫生服务调查数据显示,老年人生活照料有困难时求助家庭的比例在城市为 96.0%,在农村为 98.5%。城市老人对配偶的依赖更多一些,农村老人则对子女的依赖较多。[①] 2011 年中国老龄科学研究中心《全国城乡失能老年人状况研究》报告显示,"从完全失能老年人的整个社会支持网络来看,他们从家庭以外能够获得的支援是非常有限的"[②],可见,近些

---

① 黄成礼. 中国老年人口的健康、负担及家庭照料[J]. 中国卫生资源,2006(5):208 - 210.

② 闫萍. 失能老人家庭照护者的社会支持研究——基于北京市的分析[J]. 北京行政学院学报,2019(3):73 - 81.

年老年人的养老照料模式变化不大，一直是以家庭为主。失能老年人偏好家庭照护，发展家庭照护有利于减轻国家因人口老龄化而带来的压力。

随着我国老龄化的加速，农村老年人尤其是失能老年人的照护形势日益严峻。农村失能老年人的照护政策是否完善，影响着我国农村老年人及其家庭的生活质量，对我国养老政策的顶层设计具有举足轻重的作用。但是，失能老年人家庭往往因为拥有一个完整的家庭而很难得到政府和社会的直接支持。随着城镇化的快速发展，我国农村已经进入“白银时代”，农村家庭规模缩小和家庭观念淡化，依靠家庭成员实现代际照顾的家庭保障能力日趋弱化，家庭养老照护资源紧张，家庭的稳定性被打破。但农村地区经济落后，保障服务发展不足，农村失能老年人的快速增长超前于为老社会服务的发育步伐，而且与城市不同，劳动力缺乏使得农村有效的照料市场供给难以形成。市场对大规模失能老年人的长期照护需求反应迟滞。农村养老服务体系建设不够完善，农村失能老年人对家庭及其家庭成员的照料依赖性非常强。但是随着人口高龄化以及家庭功能的弱化，长期照料失能老年人会消耗整个家庭的人力财力资源，甚至影响社会的稳定。家庭养老功能的弱化和家庭养老需求的上升带来的冲击，仅靠家庭自身已经无法解决，这种模式在养老过程中显得力不从心，必须有政府和社会的干预和支持，家庭政策建立和完善提上日程。我国虽然大力倡导以居家养老为基础，但是专门针对农村失能老年人家庭的支持政策比较匮乏。若能给予家庭照护以适当的政策支持，将会有更多的老人有机会留在家中接受照护。因此，解决农村失能老年人的家庭困境，需要从战略发展的角度，从构建促进失能老年人养老服务发展的家庭政策着手，建立完整的家庭政策体系，构建农村失能老年人家庭稳定和长远的支持体系，对家庭给予积极的支持、扶助与投资，增强其经济功能、照料功能、情感功能、价值观功能等，提升农村失能老年人的家庭发展能力，提升家庭的抗风险能力，由“家庭支持”转变为“支持家庭”，最终达到家庭发展与社会和谐的双赢。作为非正式支持制度的家庭有着社会制度所不能取代的作用。正式支持和非正式支持能够相互弥补,不存在简单的替代关系。家庭政策能够将这两种养老方式进行融合,明确正式支持和非正式支持的责任和领域,有助于提升失能老年人照护水平和生活质量。家庭政策的本质是支持家庭,通过为家庭提供更多的资源来支持家庭,而不是破坏家庭的完整性和独立性或者替代家庭。

第三节　构建农村失能老年人家庭支持政策的原则

一、系统性的原则:以家庭为政策对象

失能是一种家庭经历,家庭参与是康复过程中最重要的因素之一。基维特是这样总结家庭和亲戚对于老人的重要性的:"尽管我们的社会中有各种各样的老人,亲属依然是美国老年人重要的支撑。他们作为老人生活中相对稳定的力量,为其扮演的有限的角色提供了舞台。家庭也是晚年危机的一个重要的缓冲,并且其也是用来保持独立可用的最后资源。"①福斯特等人强调积极的家庭参与是康复过程中最重要的因素之一。② 从群体的维度来理解失能,失能可以认为是一个家庭经历,它导致了群体内部的补偿调整,一些成员承担了新角色,以适应其他人的变化,群体内的成员相互支持以维持家庭这一核心单位的稳定。老年人失能的出现对失能老年人

① James E. Montgomery, The Economics of Supportive Services for Families with Disabled and Aging Members, Family Relations, Vol. 31, No. 1 (Jan., 1982), pp. 19 – 27.

② Foster A, Armstrong J, Buckley A, et al. Encouraging family engagement in the rehabilitation-process: A rehabilitation provider's development of support strategies for family membersof people with trauma. Disability and Rehabilitation, 2012, 34 (22), 1855 – 1862.

和家庭带来深刻的变化，给主要的家庭关系带来压力。最初，人们倾向于只关注失能老年人的需要，后来就要关注家庭照顾者。家庭照顾者不仅仅是需要牺牲时间来回应这种新情况的需要，而且需要承受看到所爱的人受苦带来的相关焦虑和悲伤。家庭面临着现实和情感的剧变，家庭成员需要重新组织他们的工作方式，责任需要重新分配，多重角色需要平衡。家庭护理人员往往会面临较高的情绪困扰，尤其是当他们的新职责影响到其他活动的参与时。因此，成为主要照顾者的人，在需要重新审视自己对自己生活的期望时，就会达到一个临界点——在工作或职业兴趣和责任方面，以及在休闲方面，在有偿就业、家庭管理和儿童保育的需求之间出现了新的紧张关系。这就是失能对家庭的影响。家庭照护者被发现至少和经历了失能的人一样的痛苦。在这些情况下，失能人的脆弱性与家庭成员，特别是初级非正式照顾者是一样的。很明显的是，失能不仅仅发生在一个人身上，它影响着整个家庭，也影响着家庭如何在其更广泛的社会网络中整合。

目前，我国老年社会福利政策偏重将老年人个人作为主要的政策对象，低估甚至忽视了家庭整体的养老福利服务需求。因此，要关注家庭及成员的整体利益，将家庭整体作为政策实施对象和单位，评估政策的制定、实施对于家庭整体福利的影响，帮助家庭获得养老资源和养老服务，提升家庭的整体福利水平和养老服务能力，进而提升家庭中失能老年人个体的福利，将失能老年人放在家庭系统内，了解家庭需求，关注家庭发展，避免政策呈现碎片化特征。

二、预防性的原则：以预防和早期干预为重点

国家和社会提供的福利支持与服务主要是针对弱功能家庭、失功能家庭以及无家庭老年人。它可以帮助减轻部分特殊困难家庭的养老负担，如失能、高龄、贫困老人家庭等。但是，老年社会福利支持和服务在人口老龄

化日益加剧的今天,并不能满足每一个失能老年人家庭的养老需求。因此,预防和早期干预尤为重要。预防和早期干预可以使家庭更好地适应社会经济的变化,通过对正常家庭功能的维持与支持,预防和避免家庭功能受损而转化为弱功能家庭、失功能家庭,有利于老年社会福利资源与服务的节约和优化配置。

政府应以家庭为政策对象,建立获取家庭养老需求信息的动态机制,及时开展干预,通过普惠或者多种救助方式,制定面向普通家庭的失能老年人养老服务支持政策,重点是预防和支持性的帮助。尽可能避免易使失能老年人家庭陷入困境的因素出现,包括家庭破裂、家庭矛盾、经济负担等,从而保证失能老年人能够得到恰当的家庭照顾,提高其生活水平,避免家庭陷入更为严重的困境。

三、发展性的原则:以提升家庭发展能力为方向

20 世纪 90 年代以来,阿玛蒂亚・森提出了基于能力的发展观。该观点认为,贫困的实质是人们缺乏改变其生存状况、抵御各种生产或生活风险、抓住经济机会和获取经济收益的"能力"。因此,需要通过公共活动和政策来加强。[①]

20 世纪 90 年代中期,以詹姆斯・梅志里为代表的学者提出"发展型社会政策"。发展型社会政策强调社会政策与经济发展之间的互动和融合;在重视福利项目的生产性的同时更加注重投资性,关注社会政策对人力资本进行的投资、对提高生计能力的作用;重视长期发展和预防干预,目的是帮助所关注群体发展能力,永久摆脱生活困境。

家庭政策作为社会政策组成部分,由于受到发展型社会政策的影响,

---

① 杨团. 农村失能老年人照料贫困问题的解决路径——以山西永济蒲韩乡村社区为例[J]. 学习与实践,2016(4):92-103.

也逐渐发展为发展型家庭政策。发展型家庭政策认为,所有家庭都是政策对象,都需要支持与帮助。家庭政策不再仅局限于生存式、救火型、补充型的干预,而是转为以“家庭发展能力”为导向,重视建构家庭的功能,提升家庭及家庭成员的能力,家庭政策的目标也从纯粹地满足家庭的经济需求转向满足家庭非货币化的福利需求。

我国家庭政策的本意并非着眼于家庭的内部发展能力建设,其对家庭产生的影响也是间接的。一些补充性和替代性福利政策,如提供高龄及失能补贴,看似是为了缓解失能老年人生活及就医的经济负担,但无法激励家庭的主观能动性,促进家庭的内部发展能力的提升,甚至可能让家庭产生政策依赖。

家庭政策要在尊重家庭的传统性和多样性的基础上,遵循以发展家庭能力为目的,为改善失能老年人的生活,对失能老年人所在家庭及个体进行投资,使其具备发展的自由,增强家庭自我决策的空间。例如,规范就业扶持政策,从制度上有力地保证失能老年人家庭中成员的就业;通过再教育、培训及补贴的方式,促使更多失去工作的失能老年人家庭成员学习专业化的护理知识及心理知识,以缓解其工作角色与家庭角色的矛盾,发展家庭服务业;通过康复训练帮助部分失能老年人恢复健康,缓解痛苦,改善失能老年人的精神状态,增强其参与社会的主观积极性。

第四节　农村失能老年人家庭支持政策的具体内容设计

农村失能老年人家庭支持政策的具体内容设计的主要目标是提高农村失能老年人家庭发展能力,包括:(1)经济能力,即家庭获取收入以支持家庭成员生存和发展的能力;(2)保障与支持能力,即家庭在日常生活、养老、照护、心理慰藉、情感交流等方面的能力;(3)学习能力,即能根据成员个人学习、成长和职业发展需求以及外部环境变化的需求，帮助家庭成员完成任务和目标、促进家庭成员的成长的能力；(4)社会交往能力，包括家庭获取社会资本以及与外界环境的良好互动的能力；(5)风险应对能力，包括家庭对内部和外界社会环境变化的反应能力、调节能力和应对能力。①农村失能老年人家庭支持政策的构建是一项系统工程。失能老年人家庭任何一方面的能力的下降都会导致家庭发展面临风险。围绕家庭发展能力的构建，农村失能老年人家庭支持政策的具体内容设计可从以下几个方面展开。

一、家庭经济支持政策

我国农村老年人的社会保障体系尚不完善，缺乏收入和服务保障，随着老年人生理功能的衰退，各种疾病风险增加，一旦身体失能，无法参与劳动，收入和生活就会受到影响。关于贫困的生命周期理论研究发现，老年阶段是贫困风险发生率最高的阶段之一。因此，"农村""失能"和"老年人"这三个特征，是导致家庭发生经济贫困的高危因素。需要多渠道对农村失能老年人及其家庭进行经济支持，提高家庭发展的经济能力。

(一)直接补偿和激励

在西方，国家直接补偿和激励的对象有的是失能老年人，有的是失能老年人的家庭照护者或者照护机构。补偿和激励的形式包括现金、实物、券或者政府购买服务等。这些措施，体现了两种政策目标：一种是通过直接补偿，解决由于失能事件给家庭带来的家庭负担失衡；另一种是通过激励，解决由于失能事件给家庭带来的家庭贡献失衡。值得注意的是，根据我国各地政策的试点经验发现，补贴的对象不同，政策的效果存在差异。

① 吴帆，李建民．家庭发展能力建设的政策路径分析[J]．人口研究，2012，36(4)：37－44.

是补供方,还是补需方,需要进行深入调研和论证,根据各地的实际情况,选择效益较高的政策方案。

建立失能老年人补贴制度。该制度的补贴对象主要是失能老年人。我国并未针对失能老年人出台统一的补贴制度和政策,但很多地区已经开始探索失能老年人补贴办法。建立和完善这一制度的前提和基础是建立失能老年人需求评估和家庭资产评估制度,分类施补,提高补贴的精准度。例如,法国政府对老龄人口实行个性化养老补贴。对 60 岁以上的有部分生活自理能力的老人,政府根据评估的失能等级发放相应的照顾补贴。在具体实施服务过程中,政府买单社会服务,与多个社会服务公司签订协议,受益人可以从中选择。① 政府资助部分由全国养老保险基金管理局及其分支机构承担。除此之外,个人也需缴纳一部分资金。民政部《全国老龄办关于建立健全经济困难的高龄、失能等老年人补贴制度的通知》显示,所补贴的人员范围为经县级以上民政部门及医疗卫生机构鉴定的经济困难的高龄、失能等老年人,以现金或代金券的形式,根据当地经济发展水平、物价变动情况和财力状况自主确定补贴金额给予失能老年人养老补贴。国务院办公厅《关于推进养老服务发展的意见》(国办发〔2019〕5 号)中提出"将养老服务纳入政府购买服务指导性目录,全面梳理现行由财政支出安排的各类养老服务项目,以省为单位制定政府购买养老服务标准,重点购买生活照料、康复护理、机构运营、社会工作和人员培养等服务",需要依据文件的精神,具体进行落实,重点关注农村失能老年人这一特殊群体。

建立失能老年人护理津贴制度。该制度的主要补偿对象是失能老年人的照护方,主要包括家庭照护者、照护机构、相关志愿者等。护理津贴制度能够帮助有照护需求的失能老年人在自身的收入水平无法承受照护服务费用时,帮助其满足或者得到服务照护,能够使失能老年人家庭照护或

---

① 刘喜堂,武增锋. 以家庭为核心构筑福利救助体系——法国、匈牙利社会救助制度及其启示[J]. 中国民政,2012(2):27-29.

者机构照护等服务得到维持和可持续发展。例如,可以对家庭照护者发放护理津贴,或者在社会保险中增加“长期照护”津贴,弥补家庭照护者因为长期照护老人带来的工作或者经济收入等损失。家庭照护者由于照料老人而占用的时间、失去的工作或晋升机会、损失的收入是一种机会成本。这种难以货币化衡量的家庭照护服务,其价值也应该得到国家和社会的承认和鼓励。可以根据家庭照护者的实际照料负担,重点补贴农村多子女家庭中的主要承担照料任务的子女,这既可以缓解家庭照护者的经济压力,又能提高他们的照料积极性。也可以尝试让农村的中年人或年轻老人照顾失能老人,政府给予适当的经济补贴等。

(二)税收补偿和优惠

降低财产税、减少收入税等税收补偿或优惠的形式在西方国家家庭照护者经济支持政策中经常被用到。税收补偿或者优惠的形式多样。一方面,政府通过个人所得税支持政策,给失能老年人家庭照护者适当的税费减免,可以减轻照护者及其家庭的经济负担。2018 年,国务院印发了《个人所得税专项附加扣除暂行办法》(国发〔2018〕41 号)规定,个人所得税专项附加扣除,是指个人所得税法规定的子女教育、继续教育、大病医疗、住房贷款利息或者住房租金、赡养老人等 6 项专项附加扣除。在赡养老人方面,纳税人赡养一位及以上被赡养人的赡养支出,统一按照以下标准定额扣除:一是纳税人为独生子女的,按照每月 2 000 元的标准定额扣除;二是纳税人为非独生子女的,由其与兄弟姐妹分摊每月 2 000 元的扣除额度,每人分摊的额度不能超过每月 1 000 元。这就是在税收政策中充分纳入家庭视角的有益尝试和探索。另一方面,政府也可以给予相关养老企业直接减免税收、设备投资抵免、投资退税、减税等多样的优惠政策,鼓励企业承担失能老年人照护工作或者对家庭照护者提供工作机会。

(三)慈善组织捐赠

在发达国家,第三部门往往承担部分失能老年人的长期照护服务。社会慈善组织、宗教组织甚至个人在资金、场所和实物等方面对为老服务机构和家庭给予了强有力的支持和帮助。充分发挥政府对于社会资源的引导作用,通过税收等措施引导社会财富阶层的财产捐赠和慈善活动,鼓励社会组织和大型国有企业、社会企业等重点投入农村失能老年人及其家庭的慈善救助活动中,为农村失能老年人构建多方位的社会支持和公共服务体系,实现针对农村失能老年人的社会救助广覆盖和精准帮扶。

二、家庭就业支持政策

家庭就业支持政策主要针对农村失能老年人的年轻家庭照护者。农村失能老年人家庭中,部分年轻的家庭照护者一方面需要外出工作,另一方面还要承担照护失能老人的重担,还有一部分农村的年轻子女因外出工作或者打工养活家庭,根本无暇顾及家中失能的老年人。联合国在2012年的“国际家庭日”倡导“政府和雇主应实施工作与家庭相兼顾的政策”,各国政府和有关部门要履行老年人长期照顾的社会责任。[①] 西方许多国家出台家庭就业支持政策,以平衡工作和家庭冲突。

(一)探索无薪或带薪的护理假政策

借鉴西方的经验,政府可以尝试为有照料父母需求的在职子女建立照料父母的带薪假期制度。尽管有企业出台了弹性工作制相关的政策,但员工往往考虑到劳动力市场的竞争性,在执行和使用的过程中存在很大的顾虑。公司应更加支持员工利用假期来为家属提供支持。[②] 如 OECD 中,有 3/4 的国家都规定了不超过 1 个月的带薪照料假。法国在保证退休权益无损失的同时,给予在职的照护者每年 3 个月的“照护休假”。在荷兰,家庭

① 胡小羽. 老年家庭照顾者的压力应对研究[D]. 复旦大学,2014.

② 朱浩. 西方发达国家老年人家庭照顾者政策支持的经验及对中国的启示[J]. 社会保障研究,2014(4):106-112.

照护者可以与所在单位共同商定"照护休假"的时间安排。德国为了激励为近亲属提供照护,2008 年规定,照护等级在 1 级以上者可以申请最长达 6 个月的无薪"照护休假";2012 年,规定照护者可以与所在单位商定削减劳动时间,最低每周 15 个小时即可。韩国则鼓励子女与父母的居住距离为"一碗汤距离"。[①] 建议我国增设一定的家庭照料假期,让家庭成员能够有机会和时间来履行子女的照护责任和义务,倡导企事业单位切实履行企业的社会责任,尤其是针对有失能失智老人等特殊困难群体的家庭成员,在制定工作规章时充分考虑员工的家庭责任,制定灵活的请(休)假制度。

(二)就业机会支持

护理补贴和津贴等只是一种短期援助,提高农村失能老年人家庭养老能力的关键在于提高劳动力再生产能力。对于失能老年人来讲,绝大部分已经失去了劳动能力,充分就业是对有就业需求的失能老年人家庭照护者最好的支持。

传统上认为家庭成员照顾老人是家庭私领域的事情,家庭和企业互不相关。然而,作为失能老年人主要家庭照护者的职业女性,经常面临兼职工作需求和情况。政府可以通过适当减免企业税收等优惠政策,鼓励企业优先雇用这些有兼职需求的家庭照护者,帮助家庭照护者实现边工作边照顾老人的愿望,还能够为其提供与社会接触的机会,使他们从繁重的护理工作中得到缓解。另外,那些需要照顾的老人康复或死亡后,政府可以为失能老年人家庭照护者重新回到劳动力市场需要的职业技能培训提供政策性支持。例如英国通过新政 50 + (the New Deal 50 Plus)帮助那些退出劳动力市场的人在照顾期结束后重新回来。这些辅助性的政策支持并不是要完全消除家庭照顾的成本。公共政策的支持在享受水平和时间上都有明确的限制性规定以避免对劳动力市场产生不良影响。如瑞典规定家庭

---

① 刘西国,刘晓慧. 基于家庭禀赋的失能老人照护模式偏好研究[J]. 人口与经济,2018(3):56 - 66.

助理服务时间，美国对于老年家庭照护者在资格方面有明确要求，而德国更是明确将“辅助性”作为法定原则。①②

振兴乡村产业创造就业机会。因为传统农业效益低，农村产业萧条，许多年轻人离开家乡外出务工挣钱养家，子女和老年父母长期分离，无法及时有效地照护老年人，增加了父母失能的风险以及失能照料的难度。因此，要加强农村本地特色经济建设，发展镇域、县域经济，合理利用各种农村资源，开发农村优势产业，发展农产品加工业等产业，为农民创造就业机会，拓宽农村失能老年人及其家庭的经济来源途径，实现就地就业、就地脱贫。要拓宽思路，多种途径增加农民的财产性收入。比如现在政策实施的“两权”抵押贷款和农地入市等政策，就是增加财产收入的重要措施。农村地区要注重人才的带动作用，一方面吸引走出家乡的“新乡贤”回流，带来投资、人脉和信息，振兴农村经济，带领农民脱贫；另一方面又要进一步加快农村职业教育，加大对农村家庭照护者的人力资本投资，增强其社会适应能力、市场竞争能力和收入能力。③ 发展农村产业，提高本地就业市场的吸引力，促进留守劳动力、回流劳动力就地就业，提高当地就业水平和就业质量，既可以提高农民的收入，也能缩短子女外出距离，防止劳动力过量外流，减少农村失能老年人空巢问题，从而降低农村老年人的失能风险，改善农村老年人的生活质量，有助于重建家庭的亲情关系。

三、家庭健康支持政策

健康对于习惯于居家养老的农村老年人来说意义尤其重要。促进农

---

① 闫萍．失能老人家庭照护者的社会支持研究——基于北京市的分析[J]．北京行政学院学报，2019(3)：73－81.

② 朱浩．西方发达国家老年人家庭照顾者政策支持的经验及对中国的启示[J]．社会保障研究，2014(4)：106－112.

③ 吴帆．中国家庭功能变化与家庭发展能力建设[J]．人口与计划生育，2017(9)：35－37.

村老年人健康是一种投资，不仅能够提高老年人的健康水平，而且能降低家庭与社会的照护成本。然而，受农村老年人所拥有的资源限制和长期形成的健康习惯的影响，老年人的健康管理能力较差，易于将小病拖成慢性病、慢性病拖成大病，从而陷入贫病恶性循环的怪圈，面临更多的失能风险。

全面构建适应农村老年人需求的医养护结合健康服务体系，鼓励有条件的地区探索面向老人的医养护一体化基础医疗与健康管理保障体系，建设以县（区）医养康综合体为中心，乡镇（街道）医养护服务站为纽带，村居（社区）医养护定点服务与流动健康筛查为基础的县、乡、村三级联动机制，建立“互联网 + 人工智能 + 大数据 + 远程诊疗 + 健康管理服务”的五位一体服务体系，为老年人提供全天候、全覆盖的健康与风险评估、健康宣传、康复护理、慢性病管理等医养护一体化服务。具体包括：

一是完善健康教育体系。提高老年人的健康状况，首要的是改善农村老年人的健康意识。多数农村老年人虽有健康意识，但缺乏具体的健康知识，自我保健能力较弱。因此，要通过大众传媒或者组织专业团队健康教育宣传基础健康知识、普及“预防为主、防治结合”的防治观念，引导农村老人改变不健康的生活习惯，改善农村生活垃圾和污水处理状况，加快推进农村地区厕所革命，通过这些途径改善农村地区老年人健康风险的源头，改变农村人口传统的健康观念，培养健康的生活方式。[①]

二是做实预防保健体系。随着寿命的延长，疾病谱逐渐以慢病为主。在预防保健、疾病治疗、康复护理这三个环节中，健康服务资源的投入重点应该由以疾病治疗为主，转向预防保健和康复护理；健康服务的对象应由“病人”扩展到所有人群；服务的场所不应局限在医疗机构提供被动服务，而是要走向家庭和社区，提供主动服务。健康老龄化不仅是老年人的事

① 孙文中，刁鹏飞．生命历程与累积劣势：农村老年贫困人口的健康风险研究［J］．学术探索，2018（12）：62 – 68.

情，要重视“上中游干预”，把着眼点放在完善儿童期、青年期和成年期的健康促进和保障上。同时，还要更加重视老年期，尤其是慢性病、高危病发生率比较高的高龄失能老年群体的健康促进和健康干预，做好农村老年人健康体检和家庭医生签约服务，做好老年人传染病、流行病、地方病防控救治，从而有效降低老年人群的疾病经济负担。失能老年人的康复离不开家庭的支持和帮助。政府要完善失能老年人康复机制，加大在失能老年人康复过程中的投入，将康复必要辅助器材纳入医疗保障体系之中，减少失能老年人家庭成员的经济负担。

三是健全健康管理体系。健全和规范管理农村老年人口健康档案，提升农村失能老年人及其家庭参与健康管理的能力。帮助老年人学会有效管理、改善自身的健康状况，通过健康能力的提升提高农村失能老年人及家庭的可持续发展能力。帮助失能老年人口制定科学合理的健康服务方案，从健康监测、评估、干预等各个环节，降低农村老年人失能风险。例如，开展心理咨询服务。老年人失能后，面对身体机能的变化带来的生活不便，缺乏与外界的沟通和交流，以及失能带来的经济负担等，往往面临身心的巨大压力。研究发现，农村失能老年人的焦虑和抑郁情绪较重，其负面情绪高于一般老年人和空巢老人。① 因此，要关注失能老年人的心理健康，注重失能老年人的心理疏导，提供精神关怀服务，改善失能老年人的焦虑情绪，提高其生活质量。农村地区要探索与心理咨询等专业社会组织合作，设立精神关怀服务工作站(室)。鼓励基层农村老年协会、有资质的社会组织等为农村失能老年人提供心理健康评估筛查、情绪疏解及管理指导和心理健康知识讲座，组织开展适合农村失能老年人的文化、体育、手工、娱乐等活动，鼓励老年人积极参与社会活动，为失能、失智老年人提供日常

① 程彦如，路雪芹，陈传波，等．农村失能老年人焦虑及抑郁情绪与健康行为的相关性[J]．中国老年学杂志，2017，37(23)：5967－5969.

关怀和心理支持服务,促进心理健康。①

失能老年人家庭成员为失能老年人的生活和康复所付出的精力是一般人无法想象的。政府和社会应提高对家庭照料者身心健康状况的重视程度。为照护者提供咨询服务被各国证明在减轻照护者压力方面十分有效。韩国老年福利中心通过电话和来访咨询等方式提供心理援助服务,关注家庭照护者在照顾失能老年人的过程中的心理压力和心理健康。荷兰的社会工作者定期家访照护者,以专业知识给予家庭照护者信息支持、心理支持,预防心理健康问题的产生。美国家庭照护者支持项目中社区等组织提供心理健康咨询服务或精神状态检查服务,来增强照护者的承受能力和抗压能力。

四、家庭住房支持政策

针对农村失能老年人的身体特点及照护需求,家庭住房支持政策需要从以下两个方面着手。

一是打造适老化环境。2014 年,中国疾病预防控制中心慢病中心伤害预防室的研究发现,我国老年人的居住环境宜居性较低。跌倒是 65 岁及以上人群因伤害致死的第一位原因。其中,50% 以上老年人的跌倒/坠落伤发生在家中。调查数据显示,我国有 58.7% 的城乡老年人认为住房存在不适老的问题。老年人住房普遍存在适老化程度低,无障碍设施缺乏等问题,如房间门和走道的宽度不够、房间存在门槛等因素不适合轮椅的出入、掉头,导致独立生活的老年人容易发生意外伤害。老年人失能之后,老年居住环境的改造显得更加重要和迫切。失能老年人对居住环境的要求主要是安全和方便。涉老住房和设施具有建筑生命周期,因此要提前和超前

① 北京市民政局网站 http://www.bjmzj.gov.cn/news/root/gfxwj_llgz/2016-10/120,540.shtml.

规划设计老年人的建筑,制定建筑标准。比如,在住宅设计上,失能老年人的家庭住房的适老化改造,要注意满足护理床、轮椅、拐杖等辅助工具的出入和使用,厕所、走廊两侧应设置扶手,室内照明和采光应注意日照来源、时长,地面应平整、防滑,台阶的宽度和高度、坡道和台阶要满足失能老年人的生活需求,以体现对失能老年人的设计和照顾,实现达到环境友好化的要求。很多国家会采取相应的政策,鼓励老年人住宅的适老化改造。如日本对老年人住宅改造提供服务和补贴支持。在我国国务院办公厅发布的《国务院办公厅关于推进养老服务发展的意见》中要求,"2020 年底前,采取政府补贴等方式,对所有纳入特困供养、建档立卡范围的高龄、失能、残疾老年人家庭,按照《无障碍设计规范》实施适老化改造"。改造项目包括用于缓解、抵消或代偿因年老带来的居家生活或活动障碍的设施及各种产品,包括无障碍器具、相关适老环境改造以及与老年人居家无障碍化密切相关的其他辅助器具。未来需要切实贯彻落实这一文件精神,做好农村失能老年人的住宅适老化改造工作,改善农村失能老年人家庭的居住环境,助力农村失能老年人家庭照护。

二是鼓励子女和父母同住。照护者与失能老年人就近居住能够形成有效互动、便利照护的效果。当前老一代和下一代分居现象不断增加,很多老年人独自生活,失能后没有亲人照顾。因此,住宅区位选择和布局上,应考虑到老一代与下一代"分而不离"的需求,即两代虽然分居但是要求两代人的住房距离不宜太远。鼓励子女和失能老年父母同住,实现居住亲情化。整体来看,当老年人失能后,老少合居的模式是一种更好的安排。老少合居主要解决空间距离因素对家庭成员照护失能老年人带来的不便。

日本的"老少居"是一种有利于老年人照料的合居模式安排。这种"老少居"有两个独立的厨房和两个进出口,既方便子女就近照护老年人,又保持了子女和父母的独立空间。日本政府也采取激励措施支持这种现代居住安排,如在购房时,针对年轻人与家庭老年人共同居住生活给予一定的价格优惠,或者是对老年人的居住面积进行部分费用减免。[①] 韩国、德国等国家,在政府开发的公益性住宅设计中,就有“多代屋”,白天打开隔断是一家,晚上关上隔断是两家,既方便老人也方便子女,鼓励多代同堂。[②]

新加坡政府在鼓励支持老少合住方面也出台了诸多政策,如成年子女与父母居住较近或选择与父母同住,在购房时可以获得政府财政购房减免;若不与父母居住,但子女所购住房距父母住房 1 千米之内,政府将给予补贴。政府还通过税费的形式鼓励同父母亲居住或照顾有残疾家人的家庭,为他们提供“父母及残疾兄弟税费扣除”。政府规定,年轻的单身男女没有购买组屋的资格,但如果年轻单身男女与父母同住,就可以获得购房资格,而且在评估购房资格时以父母或子女的最低收入为准,父母或子女一方收入不超过 2 500 新元即可申请,而不必计算总收入。三代同堂的家庭可以拥有优先选择政府组屋和价格优惠的权利。如果年轻人选择与丧偶父母一同合居,那么对于父母遗留住房,政府为其提供遗产税减免优惠。对于一些低收入家庭若其与老人合住,政府为其提供医疗和养老津贴。此外,考虑到年轻人既希望有自己的独立空间,也能够方便照顾老人的实际需求,新加坡专门设计“嫁接”于三间一套上的新型组屋,便于年轻人有更多的机会和时间陪伴老年人,也使年轻人有相对独立的空间。凡购买此类组屋的居民,均可享受优惠价格。

因此,中国政府应借鉴国外经验,考虑为照顾老年人的家庭提供低息的住房贷款,住房补助等,鼓励老少合居,建设具有无障碍设施和看护功能的老年人保障房和适合两代人共同生活的“二代居”经济适用房。[③]

---

① 苏永春. 家庭支持政策对家庭养老的影响[D]. 西北大学,2013.

② http://paper.wenweipo.com/2017/04/11/ED1704110024.htm.

③ 胡小羽. 老年家庭照顾者的压力应对研究[D]. 复旦大学,2014.

五、家庭照料服务支持政策

(一)照料技能培训

农村的护理人才紧缺且护理技术较低。一方面,农村的养老护理人才社会认同度不高,收入待遇较差,被城市的相对较高的收入所吸引,不断外流。另一方面,留在农村的护理人员缺乏系统的专业培训,缺乏相关的医疗、护理和心理知识等,导致农村缺乏专业化的养老服务人才。

家庭照护者作为失能老年人首要的、长期的护理者,虽然能够在亲情上满足老年人的需求,但在专业护理技能方面同样存在不足,大多数家庭成员不是专业人员,缺乏照顾方面的专门知识。政府和社会需要为家庭照料者提供无偿的专业技能培训和心理疏导等全方位多层次的支持和指导,必须要通过组织专业护理服务机构,开展各项教育和培训课程,为家庭照护者提供疾病和用药常识、家庭关系协调、护理技能训练等方面专业护理知识与技能培训,以提高家庭照料的效率和质量。很多国家的相关组织为家庭照护者提供照料技能指导和培训等相关服务和支持。如美国家庭照料者联盟(Family Caregiver Alliance, FCA)、全国照料中心(National Center on Caregiving, NCC)、英国照料者协会(Carers Association)等。农村失能老年人的照护者以年长的配偶和女性居多。因此,要探索适合老年人和女性的家庭照护者的培训模式,重点对农村留守女性进行系统培训,使留守人员的潜在就业价值得到开发。农村老年人及其家庭的经济承受能力较弱,可以考虑将困难失能老年人家庭照护者培训纳入政府购买养老服务目录,对于有需要的家庭照料者,提供培训和咨询、暂托护理(如喘息服务)和实物支持(如照顾长者的辅助器具及必需的个人物品)等一系列支持。

(二)构建照护者评估体系

照护者评估是一个系统的过程,构建家庭照护者多维评估体系是关注和认可家庭照护者，提高家庭照护者社会地位的重要途径。①

第一，弘扬孝道文化，推进公民道德建设，认可家庭照护者的社会价值。

新时代的农村"孝文化"呈现"传统"与"现代"双重特色。作为传统农村"孝文化"主体的农民，在现代化实践中，不可避免地被动或者主动接受现代化实践的影响，传统农村"孝文化"影响着现代化，现代化情境也重塑着农村"孝文化"。

传统孝道式微、农村家庭养老功能的削弱、代际关系紧张等问题，跟现代化的实践是息息相关的。传统孝道的式微是多种因素综合作用的结果，是源于现代化进程导致的生活工作模式以及家庭结构的变迁。工业化与现代化的经济模式彻底颠覆了农村年轻人对父母家庭的依赖。丧失了经济基础的老年父母，更丧失了对家庭经济权的掌控。目前子女遗弃老人、老人被迫自杀的现象时有发生。大量失能的老人被认为是"无价值"的。农村传统依靠子女的养老制度长期依靠道德约束和乡规民约来维护。当前维护这一制度的体系濒于解体，"尊老敬老"与"孝道"这些作为支撑中国传统文化核心的理念逐渐淡化，农村老年人的处境堪忧。

中国传统的"孝文化"是宝贵的财富，是一种文化资本，是中华民族传统文化的核心和灵魂。养老是"孝文化"的重要组成部分，但并非"孝文化"的全部。目前社会保障政策或社会福利等手段主要能解决"养"的问题，却无法解决"孝"的问题。当然，传统"孝文化"中还有一些和现代文明相悖的内容。在当前社会剧烈变迁的时代，应在现代化的背景下重新审视其现代价值，构建适应老龄社会要求的中国特色的"现代新型农村孝文化"，促进"孝文化"的创新与再生，激发家庭养老模式的活力，推动家庭养老功能的恢复和完善。

重构"孝文化"已经成为我国应对老龄化挑战的一个重要举措。因此，

---

① 闫萍．失能老人家庭照护者的社会支持研究——基于北京市的分析[J]．北京行政学院学报，2019(3)：73－81．

新时代继续重构和弘扬传统“孝文化”，将“孝”的观念在新时代以新的方式重新高度内化并世代传递，将赡养老人的传统道德通过社会化过程变成子女明确的“群体义务”，将传统文化与新结构因素整合，将有力推动我国未来养老事业的发展。首先，要注重“孝文化”的家庭教育，加强家庭建设，培育孝贤家风，强化家庭养老功能。加强家庭及其成员在“孝文化”的传承与启迪中的基础性的作用，帮助年轻人培养尊老、敬老、爱老、助老的孝道观念，要赡养父母，强化孝敬老人的责任感。其次，要重视“孝文化”的学校教育。在对我国人口老龄化进行国情教育的基础上，应汲取我国传统老龄文化精华，将其纳入学校教育的课程体系，将“孝文化”通过现代教育内化于心，外化于行。再次，要重视“孝文化”的社会教育和宣传。要把“孝文化”纳入现代村规民约体系之中。应加强社区层面的“孝文化”宣传，利用报纸、广播、电视等传统媒体以及微信等新媒体，对青年人进行孝道责任的宣传，利用农民现实生活的素材，讲好孝敬老人的榜样故事，形成尊老、敬老、孝老、爱老、助老的淳朴乡风。最后，要充分肯定和认可失能老年人家庭照护者的社会价值，通过选拔“家庭照护模范”等给予家庭照护者肯定和鼓励。也可以将赡养父母行为纳入公民个人社会诚信评级等。例如，美国政府专门为家庭照护者设立了纪念日，号召全社会共同关怀照护者，提高家庭照护者的社会地位和威望。① 国务院办公厅《关于推进养老服务发展的意见》要求“建立养老服务褒扬机制。研究设立全国养老服务工作先进集体和先进个人评比达标表彰项目。组织开展国家养老护理员技能大赛，对获奖选手按规定授予‘全国技术能手’荣誉称号，并晋升相应职业技能等级。开展养老护理员关爱活动，加强对养老护理员先进事迹与奉献精神的社会宣传，让养老护理员的劳动创造和社会价值在全社会得到尊重”。

第二，构建家庭照护者需求评估体系，了解家庭照护者需求。

对家庭照护者的需求进行系统的评估，收集关于失能老年人家庭照护

① 李庆梅．失能老人家庭照顾者的社会支持研究[D]．长春工业大学，2014.

者护理情况的信息，以确定家庭照护者的具体问题、需求、优势、价值、偏好和资源等，了解照护者对失能老年人的需求做出贡献的能力。有效地评估和解决家庭照护者的需求，可以维持家庭照护者的健康并提高被照护者的照护质量，这对于维持照料家庭非常重要。家庭照护者评估本身并不是目的，而是通过这种途径来帮助识别特定的照护者面临的挑战和在知识与技能上的差距，了解家庭照护者的情况和需求，为被照护者提供高质量的护理。[①]

（三）替代性照顾服务

替代性照顾服务也叫暂托服务或者喘息服务，是国外发展比较成熟的支持家庭照护者的社会服务。替代性照顾服务，是指由专业化服务水平的机构或人员对被照料者进行暂时性的照料，使家庭照料者能够得到暂时的放松，保持正常的社交生活[②]，替代性照顾服务有利于增加和恢复照护者的照护能力，提升照料者的照料质量和增强照料持续性。从国外经验来看，暂托服务的提供场所比较灵活，可以在家庭内、日间照料中心、养老院等；提供服务的时间以日间照料居多，也有夜间照护；提供服务的主体一般是当地政府或者社会组织。例如，2004 年在荷兰有 13% 的家庭照护者使用暂托服务；英国有 32% 的人去日间俱乐部、日间照顾中心或医院接受服务。[③]由于暂托服务或者喘息服务存在潜在的责任风险，必须要完善相应的法律，减少执行过程中碰到的风险和顾虑，以推动暂托服务的可持续发展。

---

① 闫萍．失能老人家庭照护者的社会支持研究——基于北京市的分析[J]．北京行政学院学报，2019(3)：73－81.

② 吴帆．中国家庭老年人照料者的主要特征及照料投入差异——基于第三期中国妇女社会地位调查的分析[J]．妇女研究论丛，2017(2)：5－13.

③ 曹方咏峥，林熙．欧洲国家的公共政策支持：家庭照护[J]．老龄科学研究，2019，7(3)：71－80.

六、家庭信息和组织平台支持政策

支持农村失能老年人家庭的养老必须增强养老服务的可及性。所谓可及性，是指老年人及其家庭与养老服务提供者之间的距离、时间、内容和方式具备适应性。养老服务可及性差的原因之一是信息交流不通畅，供需不匹配，导致养老服务存在“最后一公里”问题。上海财经大学张雄教授在《2014 中国农村养老现状国情报告》中指出，政府与农村老人之间在养老政策方面存在比较严重的信息不对称。2014 年的调研显示，农村老年人对政策比较熟悉的占 39%，比较模糊的占 10%，不怎么了解的占 49%。因此，这种信息的不对称，一方面可能会导致老年人的需求得不到反映和满足，另一方面可能会因为老年人获取不到相关信息而出现资源闲置浪费的情况。

美国家庭照护者支持项目为 60 岁以上的老年人的家庭照护者提供信息服务，通过社区将老年人相关的服务和政策及时地传达给老年人及其家庭。[①] 法国则通过当地的信息合作中心为所有老年人提供需要相关的所有主题信息服务。这些中心也将联系照护者与医疗小组以解决那些照顾中出现的问题，或者通过照护者一站式服务的形式更方便地为他们提供帮助。[②]

家庭照护者大多处于中老年阶段，长期在家照顾老人，与外界的接触较少，自身的信息意识、信息技能较低，获得信息的渠道有限。目前，大多数农村还没有完整的失能老人及家庭照护者相关的信息推送服务系统，通常还是传统的“上传下达”。这样不能保证信息的有效获得与利用。有些

① 李庆梅．失能老人家庭照顾者的社会支持研究[D]．长春工业大学，2014.

② 朱浩．西方发达国家老年人家庭照顾者政策支持的经验及对中国的启示[J]．社会保障研究，2014(4)：106－112.

社区服务资源虽然存在,但是由于社区的宣传不到位和照护者信息的闭塞,家庭照护者难以享受到需要的服务。政府可以通过建设科技站等宣传和培训的设施对家庭照护者进行信息知识和信息技能培训,提高他们获取和传播信息的能力和素质。①

农民并非缺少信息需求,而是缺少信息供给、信息供给组织和平台。失能老年人家庭的信息能力建设需要构建线上信息平台和线下组织平台。信息和组织平台的构建有利于失能老年人及其家庭照护者有效利用社会支持资源,巩固和完善失能老年人及家庭照护者的社会支持网络,提高整个家庭应对风险的能力。

线上信息平台构建。要转变工作理念,善于利用互联网优势,利用物联网、移动互联网和云计算、大数据等现代信息技术打造网络化信息公共服务平台,为失能老年人及其照护者群体提供在线交流平台,整合建立居家养老服务信息平台、呼叫服务系统和应急救援服务机制,重点拓展远程提醒和控制、自动报警和处置、动态监测和记录等功能,通过线上平台提供信息咨询、互动交流、远程视频等服务,及时推送老年人需求的生活信息、健康信息等,能够增加失能老年人之间以及失能老年人与亲人、朋友之间的交流,促进信息的及时传递、互通有无,拓宽老年人参与社会的途径,提高照护水平,减轻家庭照护者压力,丰富失能老年人及其家庭照护者的精神生活。提升信息化技术在社会公益领域水平的使用,能够促进基本公共服务均等化的发展,提高政府配置公共资源的效率,实现精准扶持和专业化救助。

失能老年人及其家庭照料者的需求多种多样,而他们又是信息社会里信息获取和利用的弱势群体。因此,政府要加大农村地区的信息基础设施建设,提高农村地区网络化信息化程度,让农村失能老年人及其家庭照料

① 闫萍. 失能老人家庭照护者的社会支持研究——基于北京市的分析[J]. 北京行政学院学报,2019(3):73－81.

者能够快速、实时、便捷、准确地找到相应的信息支持服务，提高信息服务的利用率和持续性，增强信息服务获得感。

线下组织平台构建。考虑到老年人获取信息的传统习惯，线下需要成立相关组织机构，为老年人及其家庭照护者提供信息和传递服务，帮助老年人寻找所需要的信息资源，通过组织各种活动帮助指导失能老年人及其家庭照护者。美国家庭照料者协会以志愿者组织——照料者社区行动网络（CCAN）为平台，实现了媒体与照料者的信息沟通，实现了家庭照料者之间的相互沟通、倾诉和经验交流，实现了专业照护人士对照料者的咨询和指导。另外，照料者社区行动网络还可以将美国家庭照料者协会所提供的服务推广至有需求的家庭中，让更多的家庭照料者得到帮助。

针对农村失能老年人及其家庭，政府一方面要积极培育失能老年人及其家庭照护者的信息服务支持组织，通过信息服务支持组织的社会活动提供给老年人及其家庭照护者经济、法律、文化、教育、科技、医疗康复等多方面的信息服务。另一方面要调动政府、社会组织团体、企事业单位等各类组织和力量，从政策支持、制度保障、信息服务等多方面对失能老年人家庭及家庭照护者实施信息服务提供和援助。① 各类社会服务组织包括科技情报、文献机构、公共图书馆、新闻出版单位、信息咨询中心、商业及公益性网络建设机构等。它们拥有着丰富的数字信息资源及设施、技术、人才和专业知识优势，因而能够为失能老年人及其家庭照护者这类信息弱势群体提供支持。②

七、家庭法律支持政策

随着人口老龄化的加剧，失能老年人的家庭支持不能仅靠文化规约，

---

① 闫萍．失能老人家庭照护者的社会支持研究——基于北京市的分析［J］．北京行政学院学报，2019（3）：73－81．

② 徐蕾蕾．增能视角下残障青少年家庭照顾者的信息能力研究［D］．华中科技大学，2016．

而应当推动出台有关家庭福利、家庭支持政策方面的法律法规,依靠法律的强制性、持续性和稳定性、可操作性来解决家庭发展中碰到的问题,保障家庭照护者的权利和义务,维护家庭照护者的社会地位,为家庭发展提供坚实的保障。作为现代家庭政策的发源地,法国早在1939年就颁布了《家庭法典》,后经历不断的变革和调整以适应家庭所发生的变迁。美国在1990年就立法将喘息照料服务(Respite Care)纳入家庭政策。英国在1995年颁布《照护者法案》,将照护者与被照护者间的需求区分,重点关注照护者的需求评估,这是第一个关注照护者议题的法案。[①] 日本于2000年,韩国于2007年分别在法律的框架下建立了《介护保险法》和《老年人长期照护保险法》,在满足失能老年人的日常生活照料、健康护理及社会服务需求的同时,在一定程度上控制了照护成本的飙升,在家庭责任和国家责任之间寻得了一定的平衡。

有关家庭照护者的法律法规在我国尚未完善,家庭照护者的角色和地位缺乏立法保护,导致失能老年人家庭照护者的社会地位不高,甚至社会和家庭其他成员忽视家庭照护者的劳动价值。要动员社会舆论鼓励企业落实员工探亲假期,保证照护者从社会得到各种切实有效的支持。

八、家庭制度支持政策

在农村,老年人的养老保障、医疗保障的水平较低,长期照护制度安排几乎是空白的。因此要以制度建设为基础,构建政府、家庭、社区责任共担的专业化长期照护系统。加快建立长期照护服务体系是农村失能老年人家庭在制度保障方面最大的需求,也是必然趋势。西方发达国家将养老保障、医疗保障和长期照护制度作为老人晚年生活的三大支柱。很多国家建

① 闫萍. 失能老人家庭照护者的社会支持研究——基于北京市的分析[J]. 北京行政学院学报,2019(3):73-81.

立了长期照护保险。比较典型的有以瑞典、英国、爱尔兰、俄罗斯以及其他部分北欧和东欧国家为代表的国家保障型的照护体系，以日本、德国、韩国、墨西哥等为代表的社会保险型的照护体系，以美国、比利时、荷兰、澳大利亚、新西兰等为代表的商业保险型的照护体系。

探索建立长期照护制度，是应对我国人口老龄化，健全社会保障体系的重要制度安排。长期照护制度的缺失导致我国农村失能老年人的有效需求严重不足。老年人一旦失能，对长期照护服务的需求就会比较强烈，但是，绝大多数的农村失能老年人经济水平不高，无力购买照护服务，有效需求难以形成。因此，建立老年人长期护理保险制度对解决失能老年人的护理问题和护理支付问题至关重要。2016 年人力资源和社会保障部办公厅印发《关于开展长期护理保险制度试点的指导意见》，在河北省承德市、吉林省长春市、黑龙江省齐齐哈尔市、江苏省南通市和苏州市、山东省青岛市等 15 个城市开展长期护理保险试点。国家应加快实施长期护理保险制度试点，加大长期照护服务覆盖面，构建符合国情的长期护理保险制度框架。还应鼓励和加快发展商业性长期护理保险产品，满足参保人个性化服务需求。农村失能老年人的照护状况更为严峻。然而，目前我国长期护理保险试点中只有少数试点城市将长期护理保险扩展到农村。因此，要总结和借鉴我国长期护理保险城市试点的经验，积极推进开展农村长期护理保险的试点。

总之，家庭政策构建要注重顶层设计，着眼于长期的制度安排，形成经济、就业、健康、住房、照料服务、信息和组织平台、法律与制度建设等相辅相成的综合体系，既不破坏家庭的完整性和独立性，又能在家庭需要时给予家庭替代性支持和服务。家庭政策是支持家庭而不是替代家庭。构建完善的家庭政策的目标是改善家庭的微观结构，提高家庭的发展能力，增强家庭的抚幼和养老功能，增进家庭的福利水平。

参考文献

[1]闫萍．失能老人家庭照护者的社会支持研究——基于北京市的分析[J].北京行政学院学报,2019(3):73 - 81.

[2]国家应对人口老龄化战略研究总课题组．国家应对人口老龄化战略研究总报告．华龄出版社,2014.

[3]胡英．中国分城镇乡村人口平均预期寿命探析[J].人口与发展,2010(2):41 - 47.

[4]中华人民共和国卫生部．国家卫生服务研究——1998 年第二次国家卫生服务调查分析报告[R].北京:卫生部,1999.

[5]Sidney Katz, Amasa B Ford, Roland W Moskowitz, et al. Studies of Illness in the Aged. The Index of ADL: A Standardized Measure of Biological and Psychosocial Function.

[6] Lawton MP, Baudy EM. Assessment of elder people: selfmaintaining and Instrumental activies of daily life[J]. Gerontologist,1969,9:179 - 181.

[7]Michael R,Berit I D. 2004. The Costs and Rewards of Caregiving Among Aging Spouses and Adult Children. Familv Relations,53,317 - 325.

[8]洪国栋,等. 论家庭养老,载于石涛:《家庭与老人》. 中国文联出版社,1996,16－23.

[9]熊跃. 需要理论及其在老人照顾领域中的应用[J]. 人口学刊,1998(5):31－40.

[10]阎卡林. 关于我国一些地区新生婴儿性比例失调的原因及对策——二论“养老”与“生小”的关系[J]. 人口学刊,1983(4):40－43.

[11]杜亚军. 代际交换——对老化经济学基础理论的研究[J]. 中国人口科学,1990(3):24－29.

[12]熊跃根. 中国城市家庭的代际关系与老人照顾[J]. 中国人口科学,1998(6):16－22.

[13]费孝通. 家庭结构变动中的老年赡养问题——再论中国家庭结构的变动[J]. 北京大学学报(哲学社会科学版),1983(3):7－16.

[14]张新梅. 家庭养老研究的理论背景和假设推导[J]. 人口学刊,1999(1):58－61.

[15]姚远. 血亲价值论:对中国家庭养老机制的理论探讨[J]. 中国人口科学,2000(6):29－35.

[16]费孝通. 乡土中国[M]. 上海:中华书局,2013.

[17]Bowen M. Family therapy in clinical Practice[M]. New York, NY: Aronson,1978.

[18]樊欢欢. 家庭策略研究的方法论——中国城乡家庭的一个分析框架[J]. 社会学研究,2000(5):100－105.

[19]杨雪. 日本介护老年父母过程中的家庭策略分析——对横滨市一个家庭的个案研究[J]. 社会科学辑刊,2010(2):43－48.

[20]林南. 社会资本——关于社会结构与行动的理论[M]. 上海:世纪出版集团,上海人民出版社,2005.

[21]罗伯特·帕特南. 使民主运转起来[M]. 南昌:江西人民出版

社,2001.

[22]张金峰,张小蒙. 从社会资本来源审视社会保障的发展动力[J]. 西北人口,2007(3):25 - 27.

[23]Victoria E Bumagin. Helping the Aging Family: A Guide for Professionals [M]. Glenview IL: Scott Foreman Corporation 1990.

[24]Gennaro N, Maggi S, Pellizzari M, et al. Early Implementation of Home Care and 30 Day Readmissions in >65 Years Veneto Region Patients Discharged for Heart Hailure and with Disability [J]. Assist Inferm Ric, 2014, 33 (2):67 - 73. DOI:10. 1702/1539. 16809.

[25]洪燕,蒋艳. 失能老人居家照护的支持性策略应用研究进展[J]. 护理学报,2018,25(1):30 - 33.

[26]Christine L Himes. Parental Caregiving by Adult Women: A Demographic Perspective[J]. Research on Aging. 1994, 16(2):191 - 211.

[27]Deborah M. Merrill. Daughters - in - Law as Caregivers to the Elderly: Defining the In - Law Relationship[J]. Research on Aging. 1993, 15(1): 70 - 91.

[28]Rosalind C Barnett, Nancy L Marshall, Joseph H Pleck. Adult Son - Parent Relationships and Their Associations With Sons' Psychological Distress [J]. Journal of Family Issues. 1992, 13(4): 505 - 525.

[29]Ik Ki Kim, Cheong - Seok. Patterns of Family Support and the Quality of Life of the Elderly[J]. Social Indicators Research. 2003, 62(1):437 - 454.

[30]Colleen Leahy Johnson, Donald J. Catalano. Childless Elderly and Their Family Supports[J]. The Gerontologist. 1981, 21 (6): 610 - 618.

[31]Silvia Sörensen. McArthur Hafen Jr Preparation for Future Care Needs by Parents Providing Care for their Adult Offspring with Disabilities[J]. Illness, Crisis & Loss. 2008, 16(1): 37 - 51.

[32]国务院人口普查办公室,国家统计局人口和就业统计司．我国2010年第六次人口普查资料[M]．北京:中国统计出版社,2012.

[33]潘金洪,帅友良,孙唐水,等．中国老年人口失能率及失能规模分析——基于第六次全国人口普查数据[J].南京人口管理干部学院学报,2012,28(4):3-6+32.

[34]张文娟,魏蒙．中国老年人的失能水平和时间估计——基于合并数据的分析[J].人口研究,2015,39(5):3-14.

[35]景跃军,李涵,李元．我国失能老人数量及其结构的定量预测分析[J].人口学刊,2017,39(6):81-89.

[36]杨明旭,鲁蓓,米红．中国老年人失能率变化趋势及其影响因素研究——基于2000,2006和2010 SSAPUR数据的实证分析[J].人口与发展,2018,24(4):97-106.

[37]总报告起草组,李志宏．国家应对人口老龄化战略研究总报告[J].老龄科学研究,2015,3(3):4-38.

[38]丁华,严洁．中国老年人失能率测算及变化趋势研究[J].中国人口科学,2018(3):97-108+128.

[39]陈瑶．失能老人长期照护选择意愿研究[D].贵州财经大学,2018.

[40]伍小兰,刘吉．中国老年人生活自理能力发展轨迹研究[J].人口学刊,2018,40(4):59-71.

[41]杜鹏,武超．中国老年人的生活自理能力状况与变化[J].人口研究,2006(1):50-56.

[42]方黎明,王琬．中国老年人生活自理能力的基本状况——基于第六次人口普查长表数据的分析[J].社会福利(理论版),2013(7):35-40.

[43]魏蒙,王红漫．中国老年人失能轨迹的性别、城乡及队列差异[J].人口与发展,2017,23(5):74-81+98.

[44]姜向群,魏蒙. 中国高龄老年人日常生活自理能力及其变化情况分析[J]. 人口与发展,2015,21(2):93-100+92.

[45]庄绪荣,张丽萍. 失能老人养老状况分析[J]. 人口学刊,2016,38(3):47-57.

[46]龙敏. 中国老年人日常生活自理能力的影响因素研究[D]. 华东师范大学,2013.

[47]朱雪雪,张玉,刘宏宇,等. 中国老年人失能现况及影响因素分析[J]. 中国公共卫生,2019,35(7):914-917.

[48]邓文燕. 重庆市以居家为基础的城乡失能老年人长期照护需要研究[D]. 重庆医科大学,2018.

[49]王殿玺. 社区老龄服务提供对老年人日常生活自理能力的影响研究[J]. 老龄科学研究,2019,7(2):32-40.

[50]刘二鹏,张奇林. 农村失能老人的性别差异及其影响机制——基于CLHLS(2014)数据的实证分析[J]. 社会保障研究,2019(2):49-58.

[51]王乐芝,曾水英. 关于失能老人状况与老年长期护理保险的研究综述[J]. 人口学刊,2015,37(4):86-91.

[52]罗小华. 我国城市失能老人长期照护问题研究[D]. 西南财经大学,2014.

[53]方新荣,金浪. 浅谈我国社区居家失能老年人长期照护中社会支持系统存在的问题及其建议[J]. 海峡科学,2017(9):57-60.

[54]石小盼,张会君,隋佳,等. 辽宁省农村独居失能老人长期照护模式选择意愿及其影响因素分析[J]. 现代预防医学,2016,43(24):4467-4470.

[55]王莹,谷艳侠,夏小丽. 失能老年人长期照料方式选择意愿的影响因素[J]. 护理研究,2017,31(15):1871-1873.

[56]张利,杨福,余红剑,等. 失能老人长期照料模式决策影响因素多

分类 Logistic 回归研究[J]. 卫生软科学,2015,29(6):354 - 357.

[57]廖小利. 农村失能老年人长期照护服务需求及影响因素分析——基于湖南的实证[J]. 人口与发展,2019,25(1):119 - 128.

[58]李强,岳书铭,毕红霞. 农村失能老年人长期照护意愿及其影响因素分析——基于山东省农村失能老年人的问卷调查[J]. 农业经济问题,2015,36(5):30 - 41 + 110.

[59] 徐晓君. 山东省农村失能老年人长期照护服务研究[D]. 山东农业大学,2018.

[60] 李运华,刘亚南. 城镇失能老人子女照料的影响因素分析——来自 CLHLS 2014 的经验证据[J]. 调研世界,2019(1):30 - 35.

[61]王丽君. 农村失能老人的社会支持研究[D]. 华中科技大学,2013.

[62] 孙金明. 中国失能老人照料需求及照料满足感研究——基于中国老年健康影响因素跟踪调查[J]. 调研世界,2018(5):25 - 31.

[63] 苏群,彭斌霞,陈杰. 我国失能老人长期照料现状及影响因素——基于城乡差异的视角[J]. 人口与经济,2015(4):69 - 76.

[64] 张瑞利,林闽钢. 中国失能老人非正式照顾和正式照顾关系研究——基于 CLHLS 数据的分析[J]. 社会保障研究,2018(6):3 - 13.

[65] 刘然,郭珊,杨世琴. 北京市社区失能老人生活质量调查及影响因素分析[J]. 中国社区医师,2018,34(5):170 - 171.

[66] 丁百仁. 失能老人的幸福感现状及其影响因素[J]. 人口与社会,2017,33(3):53 - 63.

[67] 秦琼,孟爽,唐启群,等. 养老机构失能老年人幸福度及影响因素分析[J]. 护士进修杂志,2019,34(15):1415 - 1418.

[68] 李运,赵佳,唐启群,等. 居住养老机构的老年人失能现状及失能老年人的生活质量影响因素[J]. 中国老年学杂志, 2019, 39 (5):

1213 - 1216.

[69] 何淑娴,张艳,张慧颖,等. 河南省 350 名农村失能老人幸福度现状研究[J]. 全科护理,2019,17(12):1520 - 1523.

[70] 张玉晶,路雪芹,张婷,等. 农村失能老年人生活质量及影响因素[J]. 中国老年学杂志,2016,36(14):3567 - 3569.

[71] 叶芬,张清,柴倩文. 城市社区居家失能老人生命质量的现状[J]. 中国老年学杂志,2016,36(18):4590 - 4592.

[72] 熊鹰,袁文艺,刘喆. 中国居家失能老人生活满意度及其影响因素——基于 CLHLS 数据的实证分析[J]. 管理研究,2017(2):63 - 75.

[73] 顾佳欢,尹志勤,李晖,等. 失能老人孤独状况及影响因素分析[J]. 护理研究,2017,31(27):3379 - 3382.

[74] 段岩,张艳,罗明亮,等. 农村失能老人幸福度影响因素研究[J]. 卫生职业教育,2019,37(13):145 - 148.

[75] 刘亚飞,张敬云. 非正式照料会改善失能老人的心理健康吗?——基于 CHARLS 2013 的实证研究[J]. 南方人口,2017,32(6):64 - 78.

[76] 王晓娟,齐明山,赵彩萍. 失能老人幸福度及其影响因素的研究[J]. 现代预防医学,2017,44(21):3962 - 3965 + 3986.

[77] 李珍,徐昊楠,王德文. 福建省社区失能老年人的照护需求及影响因素[J]. 中国公共卫生:1 - 5.

[78] 吴芳琴,范环,肖树芹,等. 北京市社区失能老年人的照护需求及其影响因素[J]. 中华护理杂志,2018,53(7):841 - 845.

[79] 谢琼,蔡敏,周岳鹏,等. 广州市失能高龄老人社区卫生服务需求的调查[J]. 实用临床医学,2018,19(9):94 - 96.

[80] 汪群龙,金卉. 城市失能老人照护需求、偏好及长期照护服务体系建设[J]. 中国老年学杂志,2017,37(11):2805 - 2807.

[81]丁玉婷. 我国居家失能老人社区养老服务的需求研究[D]. 华东师范大学,2018.

[82] 罗盛,罗莉,张锦,等. 城市社区不同生活自理能力老年人健康服务项目需求对应分析[J]. 中国卫生统计,2017,34(6):951－953.

[83] 陈柳柳,邓仁丽,陈苏红,等. 养老机构失能老人护理服务需求调查研究[J]. 护理与康复,2016,15(6):531－535.

[84]何礼平. 我国农村失能老人长期照护服务体系研究[D]. 武汉大学,2017.

[85] 陈申. 机构及居家失能老人日常生活活动需求未满足状况及其差异性研究[D]. 南京医科大学,2018.

[86] 陆杰华,沙迪. 老龄化背景下失能老人照护政策的探索实践与改革方略[J]. 中国特色社会主义研究,2018(2):52－58.

[87] 赵云芸. 失能老人长期照护供给问题研究[J]. 纳税,2019,13(2):286－287.

[88] 范鑫磊. 我国失能老人长期照护问题研究[J]. 现代妇女(下旬),2014(11):348.

[89]王翠红. 供给侧改革视角下失能老人长期照护的政府责任研究[D]. 广西大学,2018.

[90]刘晓慧,杨玉岩,薛喜娟,等. 失能老人家庭照护质量与照顾者负担的相关性[J]. 中国老年学杂志,2019,39(16):4081－4084.

[91] 唐敏. 失能老人养老服务的理论模型、系统构成与支持体系[J]. 社会保障评论,2018,2(2):148－156.

[92] 沙莎. 失能老人照料成本与家庭风险研究[D]. 南京农业大学,2017.

[93] Berg Judith A, Woods Nancy Fugate. Global women's health: a spotlight on caregiving [J]. Nurs Clin North Am,2009,44 (3) :375.

[94] 李秋云．失能老人服务体系研究——基于照护者压力的视角[J].当代经济,2017(10):124 - 126.

[95] 陈颖颖,张超南,覃芹丹,等．失能老年人的年龄及自理能力对家庭照顾者负担的影响[J].护士进修杂志,2017,32(9):775 - 778.

[96] 刘奥．失能老人亲属照护者的社会支持研究[D].上海工程技术大学,2015.

[97] 李彦洁,路雪芹,王彬,等．农村失能老年人照顾者生活质量及影响因素分析[J].全科护理,2017,15(1):1 - 3.

[98] 熊吉峰．农村失能老人家庭照护者对社会支持的需求研究[J].统计与信息论坛,2014,29(2):107 - 112.

[99] 姚璐璐．上海市失能老人家庭照料者的社会支持研究[D].华东政法大学,2018.

[100] Christina Lee. Health, Stress and Coping among Women Caregivers [J]. J Health Psychol. 1999, 4(1):27 - 40.

[101] Eleanor Palo Stoller. The Impact of Gender on Configurations of Care among Married Elderly Couples[J]. Research on Aging. 1992, 14(3):313 - 330.

[102] Cyril F Chang ,Shelley I. The Men Who Care: An Analysis of Male Primary Caregivers Who Care for Frail Elderly at Home[J]. Journal of Applied Gerontology. 1991,10 (3):343 - 358.

[103] Carolyn S Wilken, Karen Altergott, Jonathan Sandberg. Spouses' - perceptions as caregivers: The influence of feminine and masculine sex - role orientation on caring for confused and non - confused partners[J]. Am J Alzheimer Dis Other Demen. 1996,11(6): 37 - 42.

[104] Amanda Hess. Women Are More Likely to Care for Aging Parents And Drop Out of the Workforce to Do It[EB/OL]. http://www. slate. com/

blogs/xx_factor/2013/11/21/elder_caregiving_women_are_more_likely_to_drop_out_of_work_to_care_for_aging. html. 2013 – 11 – 21.

[105] Keiko Sugiura, Mikiko Ito, Masami Kutsumi and Hiroshi Mikami. Gender Differences in Spousal Caregiving in Japan[J]. J Gerontol B Psychol Sci Soc Sci. 2009.

[106] Demura S, Sato S, Minami M, et al. Gender and age differences in basic ADL ability on the elderly: Comparison between the independent and the dependent elderly. Journal of physiological anthropology and applied human science. 2003, Jan, 22(1), 19 – 27.

[107] 杜鹏,李强. 1994 ~ 2004 年中国老年人的生活自理预期寿命及其变化[J]. 人口研究,2006(5):9 – 16.

[108] 曾毅,萧振禹,张纯元,等. 中国 1998 年健康长寿调查及高龄老人生活自理期望寿命[J]. 中国人口科学,2001(3):9 – 16.

[109] Verbrugge, L M. Gender and health: An update on hypotheses and evidence, Journal of health and social behavior. 1985, 26:156 – 182.

[110] 尹德挺,陆杰华. 中国高龄老人日常生活自理能力的个体因素和区域因素分析——HLM 模型在老年健康领域中的应用[J]. 人口研究,2007,(2):60 – 69.

[111] 王树新,曾宪新. 中国高龄老人自理能力的性别差异[J]. 中国人口科学,2001(S1):50 – 54.

[112] Steven J Kates. Disabled Elderly Women Receive Less Home Care Than Men[J]. Media Advisory. 2000, 12(19).

[113] Neena L Chappell. Health and Helping among the Elderly: Gender Differences[J]. Aging Health February. 1989, 1(1): 102 – 120.

[114] Christina Lee. Health, Stress and Coping among Women Caregivers [J]. J Health Psychol. 1999, 4(1):27 – 40.

[115]郑曦原,李方惠．通向未来之路:与吉登斯对话[M]．成都:四川人民出版社,2002.

[116]张羽,陈友华.低生育率及其影响因素研究[C].生育意愿、生育行为、生育水平会议论文集,2011.

[117]刘妮娜．欠发达地区农村互助型社会养老服务的发展[J].人口与经济,2017(1):54-62.

[118]Becker G S. 1974, A Theory of Social Interactions,Journal of Political Economy,Vol. 82. No6.

[119]闫萍．家庭照料视角下家庭生育决策影响因素研究[J].北京行政学院报,2016(3):109-116.

[120]孙薇薇．农村养老实践中的“功利养老主义”探析[J].广西民族大学学报(哲学社会科学版),2014,36(4):53-59.

[121]王跃生．农村家庭代际关系理论和经验分析——以北方农村为基础[J].社会科学研究,2010(4):116-123.

[122]高瑞琴,叶敬忠．生命价值视角下农村留守老人的供养制度[J].人口研究,2017,41(2):30-41.

[123]任铁民．信息无障碍是残障人士贫困人口等弱势群体的基本发展权[J].中国信息界,2007(8):31-34.

[124]文永勤,刘琴．老年人信息需求的特征——基于对成都市新都区老年人的调查研究[J].经营与管理,2017(5):150-152.

[125]Greenberg B S,Dervin B L. Mass communication among the urban poor[J]. The Public Opinion Quarterly, 1970, 34:224-235.

[126]Greenberg B S,Dervin B L. Use of the mass media by the urban poor: Findings of three research projects,with an annotated bibliography[R]. New York: Praeger, 1970.

[127]Dervin B,Greenberg B S. The communication environment of theur-

ban poor[R]. East Lansing, MI: Michigan State University, Department of Communication. CUP Report No. 15, 1972.

[128]王素芳. 信息与贫困:埃尔夫瑞德·查特曼的小世界信息行为理论述评[J]. 图书情报知识,2015(6):67-78.

[129]Julia BarrettÃ. Support and information needs of older and disabled-older people in the UK, Applied Ergonomics. 2005(36):177-183.

[130]Karen A. Roberto and Shannon E. Jarrott, Family Caregivers of Older Adults: A Life Span Perspective, Family Relations, Vol. 57, No. 1 (Jan., 2008), pp. 100-111.

[131]Williamson K. Discovered by chance: The role of incidental learning acquisition in an ecological model of information use[J]. Library & Information Science Research, 1998(20):23-40.

[132]Palsdottir, Agusta. Elderly Peoples' Information Behaviour: Accepting Support from Relative [J]. LIBRI, 2012, 62(2):135-144.

[133]Raimonemel, et al. Enactment and use of information and the media among older adults[J]. Library & Information Science Research, 2012, 34(3): 212-219.

[134]Curzon P, et al. Successful strategies of older people for finding information[J]. Interacting with Computers, 2005, 17(6):660-671.

[135]李一喆,吴丹. 国外老年人信息行为研究综述[J]. 新世纪图书馆,2014(9):92-95.

[136]Liangzhi Yu. How poor informationally are the information poor? [J]. Journal of Documentation, 2010(6):906-933.

[137]王树新,曾宪新. 中国高龄老人自理能力的性别差异[J]. 中国人口科学,2001(S1):50-54.

[138]任铁民. 信息无障碍是残障人士贫困人口等弱势群体的基本发

展权[J].中国信息界,2007(8):31 - 34.

[139]林艳,党俊武,裴晓梅,等. 为什么要在中国构建长期照护服务体系?[J].人口与发展,2009,15(4):52 - 64.

[140]李文杰. 中国农村老年人口长期照护问题研究[D].河南大学,2012.

[141]Philip Mc Callion, Matthew Janicki, and Lucinda Grant - Grifrin. Exploring the Impact of Culture and Acculturation on Older Families Caregiving for Persons With Developmental Disabilities, Family Relations, Vol. 46, No. 4, Family Caregiving for Persons with Disabilities (Oct., 1997), pp. 347 - 357.

[142]邓凌. 大学生孝道观的调查研究[J].青年研究,2004(11):38 - 42.

[143]肖云,随淑敏. 我国失能老人机构养老意愿分析——基于新福利经济学视角[J].人口与发展,2017,23(2):92 - 99 + 91.

[144]李琬予,寇彧,李贞. 城市中年子女赡养的孝道行为标准与观念[J].社会学研究,2014,29(3):216 - 240 + 245 - 246.

[145]农村养老现状新观察[J].江苏农村经济,2015(7):66.

[146]姚远. 老年群体更替:积极应对人口老龄化必须考虑的问题[J].西南民族大学学报(人文社科版),2016,37(11):1 - 8.

[147]Novak M, Guest C. Application of a multidimensional caregiver burden inventory[J]. Gerontologist. 1989,29(6):798 - 803.

[148]聂飞. 社会资本视角下的家庭政策体系构建研究[J].求实,2016(10):70 - 77.

[149]European Observatory on National Family Policies, Families and Policies: Evolution and Trends in 1988 - 1989 [R]. Interim Report, Commission of European Communities, 1990.

[150]Myrdal A. The Nation and the Family. Cambridge: Massachusetts In-

stitute of Technology,1968.

[151]Kamerman,Sheila B. and Alfred J. Kahn eds. Family Policy:Government and Families in Fourteen Countries. New York:Columbia University Press,1978.

[152] 吕亚军. 战后西方家庭政策研究综述[J]. 河北理工大学学报(社会科学版),2010 (5):12 -16.

[153] Aldous J, Dumon W, A. &Johnson K. The politics and programs of family policy:United States and European Perspectives [M]. Leuven:Leuven University Press,1980.

[154] Zimmerman, Shirley L Family Policy - Constructed Solutions to Family Problems,Thousand Oaks,California:Sage Publications,2001.

[155]胡湛,彭希哲. 家庭变迁背景下的中国家庭政策[J]. 人口研究,2012,36(2):3 -10.

[156] Kiely, G. &Richardson, V. Family Policy:European Perspectives [M]. Dublin:Family Studies Centre,1991.

[157] Hantrais L. &Marie - Therese Letablier, Familiesand Family Policies in Europe [M]. London and New York:Longman. 1996.

[158]吕亚军,刘欣. 家庭政策概念的辨析[J]. 河西学院学报,2009,25(6):5 -10.

[159]李树茁,王欢. 家庭变迁、家庭政策演进与中国家庭政策构建[J]. 人口与经济,2016(6):1 -9.

[160]朱浩. 西方发达国家老年人家庭照顾者政策支持的经验及对中国的启示[J]. 社会保障研究,2014(4):106 -112.

[161]顾辉. 当前家庭面临的挑战与选择[J]. 学术界,2011(9):215 -222 +289.

[162]许琳,刘亚文. 老年残疾人家庭支持政策研究述评[J]. 社会保

障研究,2017(1):95－101.

[163]李小健．家庭养老支持政策的国外镜鉴[J].中国人大,2012(14):30.

[164]黄成礼．中国老年人口的健康、负担及家庭照料[J].中国卫生资源,2006(5):208－210.

[165] James E Montgomery. The Economics of Supportive Services for Families with Disabled and Aging Members, Family Relations, Vol. 31, No. 1 (Jan., 1982), pp. 19－27.

[166]Foster A, Armstrong J, Buckley A, et al. Encouraging family engagement in the rehabilitationprocess: A rehabilitation provider's development of support strategies for family membersof people with trauma. Disability and Rehabilitation, 2012;34(22), 1855－1862.

[167]吴帆,李建民．家庭发展能力建设的政策路径分析[J].人口研究,2012,36(4):37－44.

[168]刘喜堂,武增锋．以家庭为核心构筑福利救助体系——法国、匈牙利社会救助制度及其启示[J].中国民政,2012(2):27－29.

[169]胡小羽．老年家庭照顾者的压力应对研究[D].上海:复旦大学,2014.

[170]刘西国,刘晓慧．基于家庭禀赋的失能老人照护模式偏好研究[J].人口与经济,2018(3):56－66.

[171]吴帆．中国家庭功能变化与家庭发展能力建设[J].人口与计划生育,2017(9):35－37.

[172]孙文中,刁鹏飞．生命历程与累积劣势:农村老年贫困人口的健康风险研究[J].学术探索,2018(12):62－68.

[173]程彦如,路雪芹,陈传波,等．农村失能老年人焦虑及抑郁情绪与健康行为的相关性[J].中国老年学杂志,2017,37(23):5967－5969.

[174]苏永春．家庭支持政策对家庭养老的影响[D]．西安：西北大学，2013.

[175]李庆梅．失能老人家庭照顾者的社会支持研究[D]．长春：长春工业大学，2014.

[176]吴帆．中国家庭老年人照料者的主要特征及照料投入差异——基于第三期中国妇女社会地位调查的分析[J]．妇女研究论丛，2017(2)：5－13.

[177]曹方咏峥，林熙．欧洲国家的公共政策支持：家庭照护[J]．老龄科学研究，2019，7(3)：71－80.

[178]徐蕾蕾．增能视角下残障青少年家庭照顾者的信息能力研究[D]．华中科技大学，2016.